Contents

Features

The *Steck-Vaughn Bilingual* series is a collection of 12 engaging workbooks focusing on basic skills from reading and math. The books provide practice and fun activities for students in prekindergarten through fourth grade. Each activity has an English and Spanish version, making this a perfect dual-language resource for learners in a variety of classroom settings.

Practice Pages

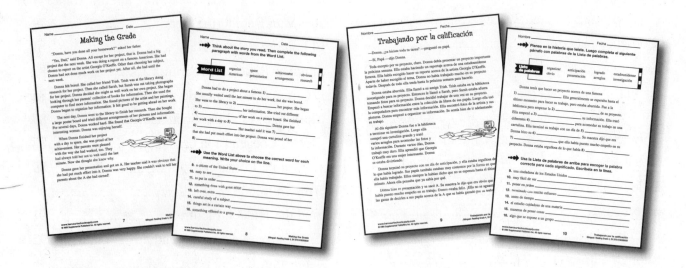

Fun Pages

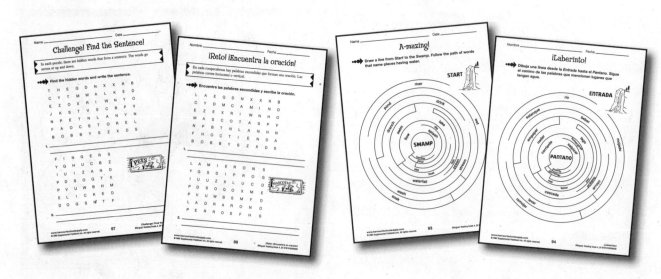

Putting It Off

"John," Miss Amaya said in her strong voice, "you're a terrible procrastinator!" John's face turned red, but he was more upset than embarrassed. "You haven't picked out a book to read yet."

"How could she call me something like that?" he thought. "And she said it right in front of the whole class." He wasn't sure what a procrastinator was, but it didn't sound very nice. He was certain that he was not one of those, whatever it was.

"Did you hear what she called me?" John asked Melissa after school. "I feel like telling my mother. Can I use a word like that in front of my mother?"

"Well," Melissa sighed, "she said you are a terrible procrastinator. I suppose that's better than being good at it. Why don't you look the word up in the dictionary tonight and find out?"

The next day Melissa asked John if he had looked up the word *procrastinator.* "No," John said. "I was going to, but I didn't get around to it. I'll look it up later today."

"Well, I looked it up," Melissa said. "It means a person who always puts things off instead of doing them now."

"Oh," John said. "Well, I'll worry about it some other time."

●●●▶ Circle the letter next to the best answer.

1. John thinks that the word Miss Amaya calls him is—
   A a way of saying he is a good student.
   B not a very nice sounding word.
   C her way of getting him to use a dictionary.
   D a name for a person who reads fast.

2. John is embarrassed because Miss Amaya talks about him—
   A to John's mother.
   B behind his back.
   C in front of the whole class.
   D over a loudspeaker.

3. At first Melissa thinks that by calling John a "terrible procrastinator," Miss Amaya means that he is—
   A not good at procrastinating.
   B her favorite student.
   C a very careful reader.
   D very good at procrastinating.

4. Miss Amaya is saying that John—
   A does not know how to read.
   B loses his temper easily.
   C always runs to his mother.
   D always puts things off.

5. The next day, John proves that Miss Amaya is—
   A right about his being a procrastinator.
   B unfair to call him a procrastinator.
   C trying to say something nice about him.
   D sorry she says what she does in front of the whole class.

Posponiendo

—John —dijo la señorita Amaya con firmeza—, ¡tú eres terrible, posponiendo todo! La cara de John se puso roja, pero él estaba más enojado que avergonzado. —Todavía no has escogido un libro para leer —dijo ella.

¿Cómo me puede decir eso? —pensó él—. Y lo dijo enfrente de toda la clase.

Él no sabía qué quería decir eso exactamente, pero no le sonó muy agradable. Estaba seguro que él no hacía eso, fuera lo que fuera.

—¿Oíste lo que me dijo? —John le preguntó a Melissa después de que terminaron las clases—. Yo creo que le voy a decir a mi mamá. ¿Puedo usar esa palabra enfrente de mi mamá?

—Bueno, —Melissa suspiró— ella dijo que eras terrible, posponiendo todo. Me imagino que eso es mejor a que fueras muy bueno posponiendo. ¿Por qué no buscas la palabra en el diccionario hoy en la noche y así ya sabes qué es?

Al día siguiente, Melissa le preguntó a John si había buscado la palabra *posponiendo*. —No —dijo John—. La iba a buscar, pero no lo hice. Lo haré hoy más tarde.

—Pues, yo sí la busqué —dijo Melissa—. Significa que una persona siempre deja lo que hay que hacer para después en lugar de hacerlo en el momento.

—Ah —dijo John—. Me preocuparé de eso en otro momento.

5

●●●▶ **Encierra en un círculo la letra junto a la mejor respuesta.**

1. John piensa que lo que le dice la señorita Amaya es—

   A una forma de decir que él es buen estudiante.

   B una palabra que no suena muy agradable.

   C una manera para hacer que él use el diccionario.

   D una palabra para una persona que lee rápido.

2. John está avergonzado porque la señorita Amaya habla acerca de él—

   A con la mamá de John.

   B a sus espaldas.

   C enfrente de toda la clase.

   D en un micrófono.

3. Al principio Melissa piensa que al decir que John es terrible posponiendo todo, la señorita Amaya quiere decir que él—

   A pospone demasiado.

   B es su estudiante favorito.

   C lee con mucho cuidado.

   D no sabe posponer.

4. La señorita Amaya está diciendo que John—

   A no sabe leer.

   B se enoja muy fácilmente.

   C siempre va con su mamá.

   D siempre deja las cosas para después.

5. Al día siguiente, John demuestra que la señorita Amaya—

   A tiene razón al decir que él siempre pospone todo.

   B es injusta al decir que él pospone todo.

   C está tratando de decir algo bueno de él.

   D está arrepentida de decir lo que dice en frente de toda la clase.

Making the Grade

"Donna, have you done all your homework?" asked her father.

"Yes, Dad," said Donna. All except for her project, that is. Donna had a big project due the next week. She was doing a report on a famous American. She had chosen to report on the artist Georgia O'Keeffe. Other than choosing her subject, Donna had not done much work on her project yet. After all, she had until the next week.

Donna felt bored. She called her friend Trish. Trish was at the library doing research for her project. Then she called Sarah, but Sarah was out taking photographs for her project. Donna decided she might as well work on her own project. She began looking through her parents' collection of books for information. Then she used the computer to find more information. She found pictures of the artist and her paintings. Donna began to organize her information. It felt good to be getting ahead on her work.

The next day, Donna went to the library to finish her research. Then she bought a large poster board and tried different arrangements of her pictures and information. For several days, Donna worked hard. She found that Georgia O'Keeffe was an interesting woman. Donna was enjoying herself.

When Donna finished her project with a day to spare, she was proud of her achievement. Her parents were pleased with the way she had worked, too. They had always told her not to wait until the last minute. Now she thought she knew why.

Donna gave her presentation and got an A. Her teacher said it was obvious that she had put much effort into it. Donna was very happy. She couldn't wait to tell her parents about the A she had earned!

Bilingual: Reading Grade 4, SV 9781419099809

Name _____ Date _____

▶ **Think about the story you read. Then complete the following paragraph with words from the Word List.**

Word List

organize	spare	achievement	obvious
American	presentation	arrangements	research

Donna had to do a project about a famous **1)** _____.

She usually waited until the last minute to do her work, but she was bored.

She went to the library to **2)** _____ her project. She began

to **3)** _____ her information. She tried out different

4) _____ of her work on a poster board. She finished

her work with a day to **5)** _____. Donna gave her

6) _____. Her teacher said it was **7)** _____

that she had put much effort into her project. Donna was proud of her

8) _____.

▶ **Use the Word List above to choose the correct word for each meaning. Write your choice on the line.**

9. a citizen of the United States _____

10. easy to see _____

11. to put in order _____

12. something done with great effort _____

13. left over, extra _____

14. careful study of a subject _____

15. things set in a certain way _____

16. something offered to a group _____

Bilingual: Reading Grade 4, SV 9781419099809

Trabajando por la calificación

—Donna, ¿ya hiciste toda tu tarea? —preguntó su papá.

—Sí, Papá —dijo Donna.

Toda excepto por su proyecto, claro. Donna debía presentar un proyecto importante la próxima semana. Ella estaba haciendo un reportaje acerca de una estadounidense famosa. Ella había escogido hacer su reporte acerca de la artista Georgia O'Keeffe. Aparte de haber escogido el tema, Donna no había trabajado mucho en su proyecto todavía. Después de todo ella tenía hasta la próxima semana para hacerlo.

Donna estaba aburrida. Ella llamó a su amiga Trish. Trish estaba en la biblioteca investigando para su proyecto. Entonces le llamó a Sarah, pero Sarah estaba afuera tomando fotos para su proyecto. Donna decidió trabajar de una vez en su proyecto. Empezó a buscar información entre la colección de libros de sus papás. Luego ella usó la computadora para encontrar más información. Ella encontró fotos de la artista y sus pinturas. Donna empezó a organizar su información. Se sentía bien de ir adelantando su trabajo.

Al día siguiente Donna fue a la biblioteca a terminar su investigación. Luego ella compró una cartulina grande y trató varios arreglos para acomodar las fotos y la información. Durante varios días, Donna trabajó muy duro. Ella aprendió que Georgia O'Keeffe era una mujer interesante. Donna se estaba divirtiendo.

Donna terminó su proyecto con un día de anticipación, y ella estaba orgullosa de lo que había logrado. Sus papás también estaban muy contentos por la forma en que ella había trabajado. Ellos siempre le habían dicho que no se esperara hasta el último minuto. Ahora ella pensaba que ya sabía por qué.

Donna hizo su presentación y se sacó A. Su maestra le dijo que era obvio que ella había puesto mucho empeño en su trabajo. Donna estaba feliz. ¡Ella no se aguantaba las ganas de decirles a sus papás acerca de la A que se había ganado por su trabajo!

Nombre _____ Fecha _____

●●●▶ **Piensa en la historia que leíste. Luego completa el siguiente párrafo con palabras de la Lista de palabras.**

| **Lista de palabras** | organizar | anticipación | logrado | estadounidense |
| | obvio | presentación | arreglos | investigación |

Donna tenía que hacer un proyecto acerca de una famosa

1) _____. Ella generalmente se esperaba hasta el

último momento para hacer su trabajo, pero estaba aburrida. Fue a la

biblioteca para empezar la 2) _____ de su proyecto.

Ella empezó a 3) _____ su información. Ella trató

diferentes 4) _____ para acomodar su trabajo en una

cartulina. Ella terminó su trabajo con un día de 5) _____.

Donna hizo su 6) _____. Su maestra dijo que era

7) _____ que ella había puesto mucho empeño en su

proyecto. Donna estaba orgullosa de lo que había 8) _____.

●●●▶ **Usa la Lista de palabras de arriba para escoger la palabra correcta para cada significado. Escríbela en la línea.**

9. una ciudadana de los Estados Unidos _____

10. muy fácil de ver _____

11. poner en orden _____

12. terminado con mucho esfuerzo _____

13. antes de tiempo _____

14. el estudio cuidadoso de una materia _____

15. maneras de poner cosas _____

16. algo que se expone a un grupo _____

Can Do!

Maddie and Terese pulled the wagon slowly up the hill toward Maddie's house. The wagon had grown heavy with their collection of canned foods. The people in Maddie's neighborhood had been generous with their contributions. At first Maddie and Terese had been hesitant to knock on people's doors and ask for canned foods. Everyone was nice, however, so the girls soon felt comfortable. Some people were not at home. A few did not answer their doors. But most people donated two or three cans. This trip up the hill was the second they had made that day.

The girls were collecting the cans for a school food drive. The class that collected the most cans would get a pizza party. The cans would go to a food bank that helped people in town who needed assistance from time to time. The bank had gotten low on food, and this was a way to replenish its stores. Maddie and Terese wanted their class to get the party. Between their two neighborhoods, the girls collected 135 cans. Maddie's neighborhood had more houses, so they got most of them, 78 in all, from there.

Maddie and Terese added their cans to the cans the rest of their class had collected. There were 731 cans in all. The man from the food bank was amazed with the amount of food that the students had gathered. Maddie and Terese's class won the pizza party. They enjoyed the pizza, but they also felt good knowing they had done something to help other people.

●●◖▶ **Read each clue. Choose a word from the Word List, or do the mathematical operation, to find an answer for each clue. Write the words in the puzzle.**

◖ **Word List**

replenish	generous	contributions
hesitant	donated	assistance

ACROSS

2. gave

7. number of cans class had before Maddie and Terese added theirs (in words)

8. help

DOWN

1. something given along with others

3. number of cans collected from Terese's neighborhood (in words)

4. willing to share

5. not certain

6. fill again

¡Podemos hacerlo!

Maddie y Teresa jalaban lentamente el pequeño vagón, cuesta arriba hacia la casa de Maddie. Ahora el vagón pesaba por la colecta de alimentos enlatados que llevaba. Las personas que vivían en el vecindario de Maddie habían sido muy generosas con sus donaciones. Al principio, Maddie y Teresa estaban muy indecisas de ir a tocar a las puertas de las personas para pedirles alimentos enlatados. Sin embargo, todas las personas habían sido muy amables, así que al poco tiempo, las niñas se sentían más tranquilas. Algunas personas no estaban en sus casas. Otras cuantas no habían abierto la puerta. Pero la mayoría de las personas donaron dos o tres latas. Este viaje cuesta arriba era el segundo que habían hecho ese día.

Las niñas estaban recaudando alimentos enlatados para una colecta de beneficio de la escuela. La clase que recaudara el mayor número de latas se ganaría una fiesta con pizzas. Las latas serían llevadas a un banco de alimentos que ayudaba a las personas del pueblo que a veces necesitaban asistencia. Las reservas del banco estaban bajas, y esta era una forma para resurtir sus provisiones. Maddie y Teresa querían que su clase tuviera la fiesta. Entre los vecinos de las dos, las niñas recaudaron 135 latas. Donde vivía Maddie había más casas, así que ahí fue donde obtuvieron la mayoría, 78 en total.

Maddie y Teresa añadieron sus latas a las latas que el resto de su clase había recaudado. Habían 731 latas en total. El hombre del banco de alimentos estaba sorprendido con la cantidad de comida que habían juntado los estudiantes. La clase de Maddie y Teresa se ganó la fiesta con pizzas. Ellas disfrutaron la pizza, pero también se sentían muy bien porque sabían que habían hecho algo para ayudar a otras personas.

Nombre _____ Fecha _____

●●●▶ **Lee cada pista. Escoge la palabra de la Lista de palabras, o haz la operación matemática, para encontrar la respuesta para cada pista. Escribe las palabras en el crucigrama.**

▶ **Lista de palabras**

resurtir	generosas	donaciones
indecisas	donaron	asistencia

HORIZONTAL

2. llenar de nuevo

3. dieron

5. número de latas que se recaudaron de los vecinos de Teresa (en letras)

7. algo que se da junto con otros

8. dispuestas a compartir

VERTICAL

1. número de latas que tenía la clase antes de que añadieran las de Maddie y Teresa (en letras)

4. no muy seguras

6. ayuda

Back to School

Have you ever heard anyone say something like this? "When I was your age, I had to walk to school. It was three miles each way. We walked in all kinds of weather. It was all uphill, too!"

Much has changed in education over the years. People may exaggerate how hard things used to be. It is true that most students of today are fortunate when compared to those of long ago. There are many places in the world today where education is still a privilege. Many children stop going to school at an early age. Families need children to work and help with expenses. Some children go to school and work, too. To them, it must seem amazing that in other countries, until the age of 16 or so, a child's only responsibility is to go to school! Even in countries like the United States, free schooling for all has only come about in the last 100 years.

Early education consisted of listening and memorizing. Students did not often get books. Paper could be scarce. Students were required to memorize and recite long lists of facts. Classrooms were very different as well. There were no centers or group projects. Students stayed in their seats. They spoke only when spoken to. Or they paid the consequences! Only very recently has education become as interesting and exciting as it is today. Teachers try to motivate students to learn. They try to show students how what they are learning relates to their own lives. Classrooms are full of color, experimentation, and fun.

Today there is still much for students to learn. The basics are still as important as they used to be. Our changing world also makes it important for students to learn and experience much more than reading, writing, and arithmetic. School has taken on a huge role in today's society. You may ride the bus, carpool, or walk three miles to get there. But be sure to jump in and make the most of your time at school!

Name _____ Date _____

●●●▶ **Circle the letter next to the best answer.**

1. This passage is mostly about—
   A schools long ago.
   B how teachers teach.
   C what students learn.
   D how schools have changed.

2. What is a privilege?
   A a gift
   B a lesson
   C a special benefit
   D a mistake

3. Students of long ago did not often have—
   A discipline.
   B books.
   C teachers.
   D schools.

4. How do today's teachers try to interest students?
   A by telling jokes
   B by comparing learning to real life
   C by making the work easy
   D by making them memorize

5. How might a child from another country, who has not been able to go to school, feel about coming to a school in the United States?
   A angry
   B disappointed
   C bored
   D happy

Bilingual: Reading Grade 4, SV 9781419099809

De regreso a clases

¿Has oído alguna vez a alguien decir algo así? —Cuando yo tenía tu edad, yo tenía que caminar a la escuela. Eran tres millas de ida y tres de regreso. Nosotros caminábamos con todo tipo de clima. ¡Además era cuesta arriba!

Con el paso de los años, muchas cosas han cambiado en la educación. Puede ser que la gente exagere en qué tan difícil eran las cosas antes. La verdad es que la mayoría de los estudiantes de hoy son afortunados en comparación con los de hace mucho tiempo. Aún hoy hay muchos lugares en el mundo en donde la educación es todavía un privilegio. Muchos niños dejan de ir a la escuela a muy corta edad. Algunas familias necesitan que los niños trabajen para que ayuden con los gastos. Algunos niños van a la escuela y también trabajan. Para ellos, parece increíble que en otros países hasta la edad de 16 más o menos, la única responsabilidad de los niños es ir a la escuela. Aún en países como los Estados Unidos, la educación sin costo para los niños empezó en los últimos 100 años.

En un principio, la educación consistía en escuchar y memorizar. Los estudiantes a menudo no tenían libros. El papel era escaso. A los estudiantes se les pedía que memorizaran y recitaran largas listas de datos. Los salones de clase también eran muy diferentes. No había centros o proyectos de grupo. Los estudiantes permanecían en sus asientos. Sólo hablaban cuando se les pedía. ¡O tenían que pagar las consecuencias! Apenas es muy reciente que la educación se ha convertido tan interesante y emocionante como lo es ahora. Los maestros tratan de motivar a sus estudiantes para que aprendan. Ellos tratan de mostrar a los estudiantes cómo se relaciona con sus propias vidas lo que ellos están aprendiendo. Los salones de clases están llenos de color, experimentos y diversión.

Todavía hay mucho que los estudiantes tienen que aprender. Las bases todavía son tan importantes como solían ser. Nuestro mundo cambiante también hace que sea importante que los estudiantes aprendan y conozcan mucho más, no sólo leer, escribir y la aritmética. La escuela ha tomado un papel muy importante en la sociedad de hoy. Tú puedes tomar el autobús, que te lleven en carro o caminar tres millas para llegar allá. ¡Pero asegúrate de llegar y aprovechar lo mejor que puedas de tu tiempo en la escuela!

Nombre _____ Fecha _____

●●●▶ **Encierra en un círculo la letra junto a la mejor respuesta.**

1. Este pasaje trata principalmente de—
   A las escuelas de hace mucho tiempo.
   B cómo enseñan los maestros.
   C lo que aprenden los estudiantes.
   D cómo han cambiado las escuelas.

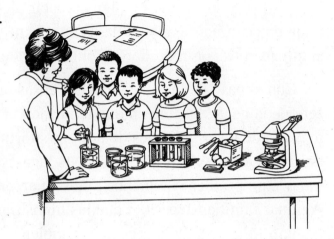

2. ¿Qué es un privilegio?
   A un regalo
   B una lección
   C un beneficio especial
   D un error

3. Los estudiantes de hace mucho tiempo, a menudo no tenían—
   A disciplina.
   B libros.
   C maestros.
   D escuelas.

4. ¿En la actualidad, cómo tratan de interesar los maestros a los estudiantes?
   A diciéndoles bromas
   B comparando lo que aprenden con la vida real
   C haciendo que el trabajo sea fácil
   D haciendo que ellos memoricen

5. ¿Cómo se sentirá un niño de otro país que no ha podido ir a la escuela al venir a la escuela en los Estados Unidos?
   A enojado
   B desilusionado
   C aburrido
   D feliz

Name _____   Date _____

Far from Home

Laot Si's father taught at the university. When he came home to tell his family that they would live in the United States for a year while he taught at a university, Laot Si looked dismayed. "What is wrong?" asked her father. "It will be most educational to visit another country, especially one that is so different from our own. You speak English very well, so you should have little trouble getting to know the people."

"I know, Papa, but it is such a large country, and what I know about the culture—the noise, the fast way of life, the cars—it seems frightening to me."

"It is not all like what you hear about or read about. I know that you will make many friends, and you will be grateful for the experience your whole life." Laot Si's father was not really confident about this, but he knew he should go. He wanted his family to be happy about the adventure, too.

They had not been in their new home very long when a family from the university invited them to dinner. The daughter of the family was about Laot Si's age, and their fathers thought they might enjoy getting to know one another. They were both bashful at first, but soon the girl from the United States, Jenny, was telling her new friend all about her school and friends. She asked all about Laot Si's country.

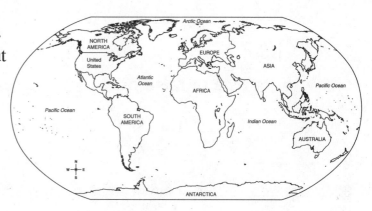

When the evening was over, their fathers asked the girls if they had enjoyed becoming acquainted. Jenny and Laot Si both laughed, a little embarrassed at being questioned in that way. Finally, Jenny offered, "I think we could probably write a book about how different our countries are."

"And," added Laot Si, "about how much alike they are, too." The girls smiled at each other because they knew they had made a friendship that would mean a great deal to each of them.

Name _____ Date _____

●●●▶ **Read each sentence. Choose a word from the Word List that has the same meaning as the word or words in bold print. Write the word on the line.**

Word List

| culture | confident | educational |
| acquainted | bashful | dismayed |

1. Laot Si's father said the year in the United States would be **something that would teach**. _____

2. He was not **sure** that the family would enjoy their experience. _____

3. Laot Si was **made full of concern** by her father's news. _____

4. Laot Si and Jenny were **shy** at first. _____

5. They told each other about their own **country's ways**. _____

6. They were glad they had gotten **to know each other**. _____

●●●▶ **Write true or false next to each sentence.**

7. _____ Laot Si did not want to go to the United States.

8. _____ Laot Si's father taught at a university.

9. _____ Laot Si went to Jenny's house for lunch.

10. _____ Jenny taught at a university in the United States.

11. _____ Jenny and Laot Si became friends.

12. _____ Jenny went to Laot Si's country to visit.

13. _____ Laot Si did not speak English.

14. _____ Laot Si and Jenny were alike in many ways.

15. _____ Jenny's family invited Laot Si's family to go to the bookstore.

Muy lejos de casa

El papá de Laot Si enseñaba en la universidad. Cuando fue a su casa a decirle a su familia que ellos vivirían en los Estados Unidos durante un año mientras que él enseñaba en la universidad, Laot Si se miraba consternada.

—¿Qué pasa? —Preguntó su papá—. Va a ser muy educativo visitar otro país, especialmente uno que es tan diferente del nuestro. Tú hablas inglés muy bien, así que no debes tener mucho problema para conocer a la gente.

—Yo sé, Papá, pero es un país tan grande, y lo que yo sé acerca de la cultura —el ruido, la forma de vida tan rápida, los carros— me parece muy aterrador.

—No todo es como lo que oyes o lo que lees. Yo sé que vas a conocer a muchos amigos, y te vas a sentir agradecida toda tu vida por esa experiencia.

El papá de Laot Si no estaba muy seguro acerca de esto, pero él sabía que debía ir. Él también quería que su familia estuviera contenta acerca de la aventura.

No habían estado en su nuevo hogar mucho tiempo cuando una familia de la universidad los invitó a cenar. La hija de la familia era más o menos de la misma edad de Laot Si, y sus papás pensaron que a ellas les gustaría conocerse. Al principio las dos eran tímidas, pero al poco tiempo la niña de los Estados Unidos, Jenny, le estaba contando todo acerca de su escuela y sus amigos a su nueva amiga. Ella le preguntó a Laot Sin todo acerca de su país.

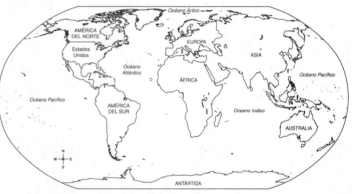

Cuando ya se iban, sus papás les preguntaron a las niñas si les gustó haberse conocido. Jenny y Laot Si se rieron, un poco apenadas de que les hubieran hecho esa pregunta. Finalmente, Jenny expresó: —Yo creo que podríamos escribir un libro acerca de lo diferentes que son nuestros países.

Y —añadió Laot Si— también de lo mucho que se parecen.

Las niñas se sonrieron entre sí porque sabían que habían hecho una amistad que significaría muchísimo para cada una de ellas.

Nombre _____ Fecha _____

●●●▶ **Lee cada oración. Escoge la palabra de la Lista de palabras que tenga el mismo significado que la palabra o palabras en letra negra. Escríbelas en la línea.**

Lista de palabras	cultura	seguro	educativo
	conocido	eran tímidas	consternada

1. El papá de Laot Si dijo que el año en los Estados Unidos sería **algo que enseñaría.**

    _____

2. Él no estaba muy **convencido** de que la familia disfrutaría la experiencia.

    _____

3. Laot Si estaba **llena de preocupación** por las noticias de su papá.

    _____

4. Laot Si y Jenny **tenían vergüenza** al principio. _____

5. Una a la otra se dijeron acerca de la **forma de vida** en sus países.

    _____

6. Ellas estaban contentas de haberse **tratado** durante su visita.

    _____

●●●▶ **Escribe _verdadero_ o _falso_ junto a cada oración.**

7. _____ Laot Si no quería ir a los Estados Unidos.

8. _____ El papá de Laot Si enseñaba en una universidad.

9. _____ Laot Si fue a casa de Jenny a almorzar.

10. _____ Jenny enseñaba en una universidad en los Estados Unidos.

11. _____ Jenny y Laot Si se hicieron amigas.

12. _____ Jenny fue a visitar el país de Laot Si.

13. _____ Laot Si no hablaba inglés.

14. _____ Laot Si y Jenny se parecían mucho en muchas cosas.

15. _____ La familia de Jenny invitó a la familia de Laot Si a la librería.

Bilingual: Reading Grade 4, SV 9781419099809

Space Place

Imagine that you and your family are moving to a space station for a year. How will your life be different than it is today? What kinds of changes can you expect? Astronauts have lived in space stations. They, and the scientists who study them, can answer these questions.

You may have already guessed one huge difference between living on Earth and living in a space station. Gravity is the force that holds us to Earth. There is no gravity in a space station. This is known as zero G. Astronauts have to adapt to zero G. They learn how to move around. They do this by gently pushing themselves in the direction they wish to go. Zero G has other effects on the body. The heart does not have to work as hard. It becomes smaller. People's legs become slightly smaller, too. Astronauts need to feel the pull of gravity occasionally. They need to get used to it again before coming back to Earth. Scientists have developed special equipment to help astronauts deal with this.

Sleeping in space is very comfortable. It has been described by one astronaut as the "world's best waterbed." But while they sleep, the astronauts' arms float out in front of them!

There is a feeling of separation in space. The astronauts can feel cut off from Earth. To make them feel more "at home," scientists have recommended lights that imitate day and night.

Astronauts in a space station wear regular clothing when they are inside. All their clothing is designed not to burn. When they leave the station, astronauts wear special gear. They must be protected from space and the sun. These suits are quite heavy. Together with the oxygen tanks and other equipment, they can weigh as much as 180 pounds! In space, however, the suits do not feel heavy. The astronauts can move quite well.

You and your family could expect to deal with all the same things that the astronauts do. Do you think you would like to live in space?

Bilingual: Reading Grade 4, SV 9781419099809

Name _____ Date _____

●●●▶ **Read each clue. Choose a word from the Word List that fits each clue. Write the words in the puzzle.**

Word List

| gravity | zero G | astronauts | adapt |
| effects | separation | recommended | imitate |

ACROSS

3. to say what one should do

4. space travelers

5. get used to

8. act like someone or something else

DOWN

1. results

2. keeping apart

6. force that holds things together

7. having none of #6

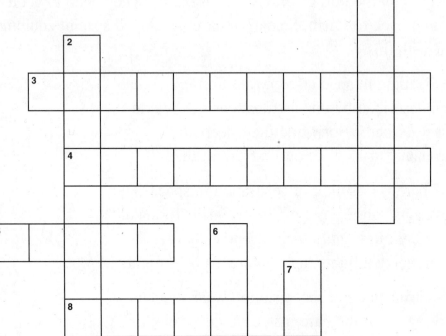

El lugar del espacio

Imagínate que tú y tu familia se van a ir a vivir a una estación espacial por un año. ¿Cómo sería tu vida diferente allá de como es hoy? ¿Qué tipo de cambios esperas que haya? Los astronautas han vivido en estaciones espaciales. Ellos, y los científicos que estudian a los astronautas, pueden contestar estas preguntas.

Probablemente tú ya te has imaginado una gran diferencia entre vivir en la Tierra y vivir en una estación espacial. La gravedad es la fuerza que nos mantiene pegados a la Tierra. No hay gravedad en una estación espacial. Esto se conoce como cero G. Los astronautas tienen que adaptarse a cero G. Ellos aprenden a moverse de un lado a otro. Ellos hacen esto empujándose a sí mismos muy suavemente en la dirección que desean ir. Cero G tiene otros efectos en el cuerpo. El corazón no tiene que trabajar tan duro. Se hace más pequeño. Las piernas de las personas también se hacen ligeramente más pequeñas. Los astronautas necesitan sentir la fuerza de la gravedad de vez en cuando. Ellos necesitan volverse a acostumbrar a ella antes de regresar a la Tierra. Los científicos han desarrollado un equipo especial para ayudarles a los astronautas a hacer esto.

Dormir en el espacio es muy cómodo. Un astronauta lo describió como "la mejor cama de agua del mundo". Pero mientras están durmiendo, ¡los brazos de los astronautas están flotando enfrente de ellos!

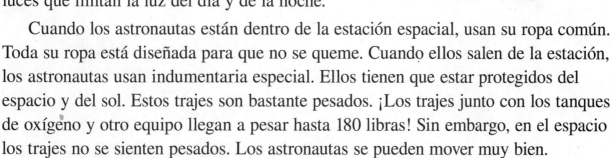

Hay una sensación de separación en el espacio. Los astronautas pueden sentirse apartados de la Tierra. Para hacerlos sentir más como en casa, los científicos han recomendado luces que imitan la luz del día y de la noche.

Cuando los astronautas están dentro de la estación espacial, usan su ropa común. Toda su ropa está diseñada para que no se queme. Cuando ellos salen de la estación, los astronautas usan indumentaria especial. Ellos tienen que estar protegidos del espacio y del sol. Estos trajes son bastante pesados. ¡Los trajes junto con los tanques de oxígeno y otro equipo llegan a pesar hasta 180 libras! Sin embargo, en el espacio los trajes no se sienten pesados. Los astronautas se pueden mover muy bien.

Tú y tu familia de seguro tendrían que enfrentar las mismas cosas que los astronautas enfrentan. ¿Piensas tú que te gustaría vivir en el espacio?

25

Nombre _____ Fecha _____

 Lee cada pista. Escoge la palabra o palabras de la Lista de palabras que vayan de acuerdo con cada pista. Escríbelas en el crucigrama.

Lista de palabras	cero G	gravedad	astronautas	adaptarse
	efectos	separación	recomendado	imitan

HORIZONTAL

1. acción de apartarse
6. actúan como alguien o algo que no sean
7. viajeros del espacio
8. no tener nada de la fuerza de #5

VERTICAL

2. lo que uno debe hacer
3. resultados
4. acostumbrarse a
5. fuerza que mantiene las cosas juntas

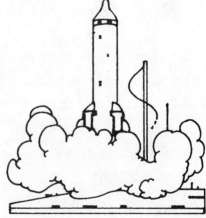

El lugar del espacio
Bilingual: Reading Grade 4, SV 9781419099809

Families

Who is in your family? When you think of your family, you probably think of your mother, father, sisters or brothers, and you! There can be many other people in a family. Your grandparents, aunts, uncles, and cousins are all relatives. They are all a part of your family, too.

Years ago, most families lived in one place. Many people lived and worked in the same town all their lives. Their sons or daughters lived there, too. Children often built houses near their parents' homes. Younger people learned from older people. Younger generations could care for parents and grandparents as they got older.

Today families often live far apart. Sons and daughters move away. Often they find opportunities for jobs in other cities. Travel is faster and easier. Leaving home is less difficult, and people can fly home quickly. Easier travel has many advantages. But families have grown apart. Old people often live alone. They do not have the support they once had. It is easy for families to lose touch.

Many people write letters to keep in touch. They call on the telephone. Advances in communication help, too. People send e-mail. They send faxes. Staying in touch is important. It makes people feel close even when many miles separate them. Distance is only one of the things that have changed families. People of long ago would be amazed to see the families of today!

www.harcourtschoolsupply.com
27
Families
Bilingual: Reading Grade 4, SV 9781419099809

Name _____ Date _____

 Read each clue. Choose a word from the Word List that best fits each clue. Write the words in the puzzle.

Word List

| grandparents | relatives | generations | advances |
| opportunities | support | advantages | communication |

ACROSS

3. people who are related

4. sending and receiving messages

7. help

8. your parents' parents

DOWN

1. chances

2. progress; forward movement

5. groups of people all born during a certain time

6. things that put one person in a better position than another

Families
Bilingual: Reading Grade 4, SV 9781419099809

Las familias

¿Quién está en tu familia? Cuando piensas en tu familia, probablemente piensas en tu mamá, tu papá, tus hermanas o hermanos y en ti. Pueden haber muchas otras personas en tu familia. Tus abuelos, tías, tíos y primos todos son parientes. Ellos también son parte de tu familia.

Hace años, la mayoría de las familias vivían en un solo lugar. Muchas personas vivían y trabajaban en el mismo pueblo toda su vida. Sus hijos o hijas vivían ahí también. Los hijos con frecuencia construían sus casas cerca de la casa de sus padres. La gente joven aprendía de la gente mayor. Las nuevas generaciones podían cuidar de sus padres y sus abuelos cuando estos envejecían.

Es común que las familias de hoy vivan muy lejos. Los hijos y las hijas se van de la casa. Con frecuencia ellos encuentran oportunidades de trabajo en otras ciudades. Viajar es más rápido y más fácil. Dejar la casa es menos difícil y la gente puede regresar a casa rápidamente en avión. Poder viajar con facilidad tiene muchas ventajas. Pero las familias se han separado. Con frecuencia, las personas ancianas viven solas. Ellos ya no tienen el apoyo que tenían antes. Es fácil perder el contacto con la familia.

Muchas personas escriben cartas para mantenerse en contacto. Hablan por teléfono. Los avances en la comunicación también ayudan. Las personas mandan correo electrónico. Mandan faxes. Es importante mantenerse en contacto. Eso hace que la gente se sienta cerca aunque los separen muchas millas. La distancia es sólo una de las cosas que ha cambiado a las familias. ¡Las personas de hace mucho tiempo estarían sorprendidas de ver a las familias de hoy!

Nombre _____ Fecha _____

 Lee cada pista. Escoge la palabra de la Lista de palabras que vaya de acuerdo con cada pista. Escríbelas en el crucigrama.

Lista de palabras

abuelos	parientes	avances	generaciones
apoyo	oportunidades	ventajas	comunicación

HORIZONTAL

3. ocasiones de hacer algo

5. cosas que ponen a una persona en mejor posición que a otra

6. acción y efecto de mandar y recibir mensajes

7. personas que están relacionadas

8. los padres de tus padres

VERTICAL

1. ayuda

2. grupos de personas que nacieron durante cierto tiempo

4. progreso; movimiento hacia adelante

Bilingual: Reading Grade 4, SV 9781419099809

Enough Gloves

Nicolás was shopping in the department store when he saw a woman shaking her finger at the little boy. "He must have done something really bad," Nicolás thought, moving down the aisle to hear what she was saying.

"This is the last pair of gloves I'm going to buy you this winter!" the woman said firmly, shaking her finger on one hand and a pair of gloves in the other. "I mean it! If you lose this pair, you can just go around with your hands in your pockets the rest of the winter!"

"Boy, she's really mean," Nicolás thought, glaring at the boy's mother.

"What would you do?" the woman almost shouted at Nicolás. "This is the third pair of gloves I've had to buy for him this winter! He had each pair a few days and then came home without them! He has to learn to respect things and take good care of them."

"Makes sense to me," Nicolás said. And to tell the truth, it did, now that she had explained. "How come you're always losing your gloves?" he asked the boy with a nudge after the mother moved on down the aisle.

"Didn't lose any gloves," the kid said. "Billy and Roscoe had cold hands, and I knew their mothers couldn't afford to get them any."

Enough Gloves
Bilingual: Reading Grade 4, SV 9781419099809

Name _____   Date _____

●●●▶ **Circle the letter next to the best answer.**

1. Nicolás moves closer to the woman and her son because Nicolás—
   A wants to know what the boy has done wrong.
   B is afraid that the woman will damage the gloves.
   C feels sorry for the woman.
   D knows the little boy.

2. Nicolás glares at the woman because he thinks she is—
   A going to lose the boy.
   B not the boy's mother.
   C making too big a deal out of gloves.
   D going to say something very important.

3. The mother is in the store to—
   A find out what Nicolás thinks.
   B find her son's lost gloves.
   C look for Billy's and Roscoe's mothers.
   D buy her son a pair of gloves.

4. After the boy's mother explains, Nicolás thinks that—
   A she is a very mean woman.
   B the boy needs to learn a lesson.
   C the boy should have all the gloves he wants.
   D the mother should buy mittens instead.

5. The boy does not have the first two pairs of gloves because—
   A he lost them playing after school.
   B he felt sorry for his friends.
   C his mother gave them away.
   D he did not like wearing them.

Bilingual: Reading Grade 4, SV 9781419099809

Suficientes guantes

Nicolás estaba de compras en un gran almacén cuando vio que una mujer estaba regañando a un niño pequeño. —Él debe haber hecho algo realmente malo —pensó Nicolás, mientras se acercaba para oír lo que ella estaba diciendo.

—Este es el último par de guantes que te voy a comprar este invierno —la mujer dijo con firmeza. Con una mano, lo señalaba moviendo su dedo y con la otra agitaba los guantes. —¡Y hablo en serio! Si tú pierdes este par, tendrás que andar con las manos metidas en tus bolsillos el resto del invierno.

—Qué mala es —pensó Nicolás— lanzándole una mirada a la mamá del niño.

—¿Qué harías tú? —le dijo la mujer a Nicolás casi gritándole—. ¡Este es el tercer par de guantes que tengo que comprarle este invierno! Sólo llevaba unos cuantos días con cada par y luego llegaba a casa sin ellos. Él tiene que aprender a respetar las cosas y a cuidarlas.

—Tiene razón —dijo Nicolás. Y a decir verdad, sí la tenía, ahora que ella lo había explicado.

—¿Cómo es que siempre pierdes tus guantes? —él le preguntó al niño dándole un codazo después de que la mamá se había retirado.

—No perdí mis guantes —dijo el niño—. Billy y Roscoe tenían las manos frías y yo sabía que sus mamás no podían comprarles unos.

www.harcourtschoolsupply.com
33
Suficientes guantes
Bilingual: Reading Grade 4, SV 9781419099809

Nombre _____ Fecha _____

●●●▶ Encierra en un círculo la letra junto a la mejor respuesta.

1. Nicolás se acerca a la mujer y al niño porque él—
   A quiere saber lo que hizo mal el niño.
   B teme que la mujer va a maltratar los guantes.
   C siente pena por la mujer.
   D conoce al niño pequeño.

2. Nicolás le lanza una mirada a la mujer porque él piensa que ella—
   A va a perder al niño.
   B no es la mamá del niño.
   C está haciendo mucho escándalo por los guantes.
   D va a decir algo muy importante.

3. La mamá está en la tienda para—
   A saber qué piensa Nicolás.
   B encontrar los guantes que perdió su hijo.
   C buscar a las mamás de Billy y de Roscoe.
   D comprarle a su hijo un par de guantes.

4. Después de que la mamá del niño le explica, Nicolás piensa que—
   A ella es una mujer mala.
   B el niño necesita aprender una lección.
   C el niño debe tener todos los guantes que él quiera.
   D es mejor que la mamá compre mitones.

5. El niño no tiene los primeros dos pares de guantes porque—
   A él los perdió jugando después de la escuela.
   B le dieron lástima sus amigos.
   C su mamá los regaló.
   D a él no le gustó ponérselos.

La casa misteriosa

Por el vecindario de Darla, había una casa que tenía una cerca de fierro muy alta. Estaba rodeada de árboles y arbustos. Con frecuencia el césped estaba largo y descuidado, pero en las ventanas tenía unas macetas con flores de colores muy brillantes. El techo necesitaba arreglo y el patio estaba estropeado, pero las ventanas no estaban rotas y estaban limpias. Darla había escuchado muchos comentarios acerca de la mujer que vivía ahí. La gente se refería acerca de ella como loca, espantosa, horripilante y muchas otras cosas. Parecía que ella nunca salía de su casa, así que no había manera de que Darla supiera cómo era la mujer.

Un día en la escuela Darla conoció a una niña nueva llamada Kim. Kim y Darla se dieron cuenta que ellas tenían mucho en común. Darla invitó a Kim a su casa esa tarde.

—Mi tía Nola vive en esta calle —dijo Kim cuando se bajaron del autobús—. ¡Vamos a verla!

Mientras que las niñas caminaban por la calle, ¡era evidente para Darla que Kim se dirigía directamente hacia la casa extraña! Darla se quedó enmudecida mientras iban por el caminito que estaba casi cubierto de hierba. Llegaron a la puerta y tocaron. Una mujer en silla de ruedas, muy sonriente, abrió la puerta, las invitó a pasar y le dio a Kim un fuerte abrazo. En el patio de atrás, la tía Nola bajó por una rampa en su silla hasta el centro de un jardín encantador donde había una mesa y unas sillas. Ella les ofreció a las niñas limonada y unas galletas. Estuvieron ahí una hora y el tiempo se fue volando. Darla esperaba que Kim la volviera a llevar ahí muy pronto.

●●●▶ **Vuelve a escribir cada oración. Escoge la palabra o palabras de la Lista de palabras que tenga el mismo significado que la palabra o palabras en letra negra. Escríbelas en la línea.**

Lista de palabras	descuidado	quedó enmudecida	rotas	evidente

1. Las ventanas en la casa no estaban **fracturadas.**

_____

2. El césped estaba **abandonado.**

_____

3. Era **muy claro** que Kim se dirigía a la casa extraña.

_____

4. Darla **no podía hablar** mientras iban por el caminito.

_____

●●●▶ **Escoge la palabra o palabras que completen mejor cada oración. Escríbelas en la línea.**

5. La gente se _____ a la mujer como loca y espantosa.
   dio cuenta   refería   comunicaba

6. Darla escuchó sus _____.
   contenidos   pensamientos   comentarios

7. El caminito estaba _____ de hierbas.
   cubierto   muy limpio   libre

8. La mujer las llevó a su jardín _____.
   afectuoso   hortaliza   encantador

¡A quitarse los sombreros!

Le habían regalado el sombrero a la señora Beanwater hace muchos años. Era de un tono de rosa que se puede ver a gran distancia en un día soleado. Tenía un ala muy ancha con pequeñas cerezas rojas hechas de barro, y tenía un ramillete de florecitas blancas pegadas a una cinta, alrededor del ala.

El ala era de un color rosa desteñido, aunque el sombrero siempre había estado en un estante obscuro. Tan pronto como se había marchado la amiga que se lo había dado, la señora Beanwater con un suspiro había dicho: —¡Qué sombrero más espantoso! ¡Qué sombrero tan horripilante!

El sombrero todavía estaría en el estante si no fuera por los cuervos. La señora Beanwater necesitaba un sombrero para el espantapájaros que hizo este verano. La amiga que se lo había regalado se había ido lejos, y la señora Beanwater estaba segura que el sombrero espantaría a cualquier cosa que lo viera.

Pero resultó que les encantó a los cuervos y también a la señorita Dallywinkle. Los cuervos se sentaban en el ala del sombrero picoteando las cerezas de barro. Entonces vino la señorita Dallywinkle a la puerta de la señora Beanwater.

—Ya que el hermoso sombrero de su espantapájaros no está funcionando —dijo la señorita Dallywinkle— me pregunto si usted quisiera cambiarlo por uno mío que estoy segura que espantará a los cuervos.

Nadie pudo comprobarlo. Al día siguiente, la gente del pueblo empezó a admirar un sombrero negro de fieltro que la señora Beanwater llevaba siempre puesto a partir de ese día. Y el pobre espantapájaros, que sólo lo usó por menos de una hora, se quedó sin sombrero desde entonces.

www.harcourtschoolsupply.com
© HMH Supplemental Publishers Inc. All rights reserved.

41

¡A quitarse los sombreros!
Bilingual: Reading Grade 4, SV 9781419099809

Nombre _____ Fecha _____

●●●▶ Encierra en un círculo la letra junto a la mejor respuesta.

1. Cuando se trata de sombreros, la señora Beanwater y la señorita Dallywinkle parecen tener—
   A demasiados para su propio bien.
   B diferentes opiniones.
   C el mismo gusto en colores.
   D muchos sombreros con flores.

2. Nosotros no sabemos si el sombrero de fieltro negro espanta a los cuervos porque—
   A la señora Beanwater decide usarlo ella.
   B la señorita Dallywinkle decide quedarse con él.
   C el espantapájaros se niega a usarlo.
   D alguien del pueblo lo roba.

3. La señorita Dallywinkle ofrece hacer intercambio de sombreros porque ella—
   A piensa que el cuervo se ve ridículo con ese sombrero.
   B le había regalado el sombrero rosa a la señora Beanwater.
   C piensa que el sombrero rosa es muy bonito.
   D siente lástima de la señora Beanwater.

4. El sombrero negro de fieltro es admirado por—
   A tanto la señorita Dallywinkle como la señora Beanwater.
   B ninguna, ni la señorita Dallywinkle ni la señora Beanwater.
   C la señorita Dallywinkle solamente.
   D la señora Beanwater.

5. Los cuervos de esta historia parecen estar de acuerdo con—
   A la señorita Dallywinkle.
   B la señora Beanwater.
   C ninguna, ni la señorita Dallywinkle ni la señora Beanwater.
   D la gente del pueblo.

¡A quitarse los sombreros!
Bilingual: Reading Grade 4, SV 9781419099809

Animals in Space

Animals have done many surprising things. Some have been heroes. Some have been stars in movies and on television shows. Animals help people in many ways. Animals have even helped people to study space travel.

Since 1957, many animals have gone into space. They have helped scientists answer questions about space travel. They have helped make space travel safe for humans. The first animal in space was a dog named Laika. She was the first Earth creature to orbit Earth. She showed that humans could survive space travel. Unfortunately, Laika did not survive her journey. She died when her capsule ran out of oxygen.

Since then, other animals have followed Laika's path. Almost all have been safely recovered. Scientists have sent four more dogs and several chimpanzees and monkeys into space. Of these, only Gordo, a squirrel monkey, was lost. His capsule failed to float upon landing in the ocean.

All of these animals have risked their lives to help humans travel safely. We have no way of knowing what they may have thought about their journeys. Maybe Enos, a chimp that orbited Earth twice in 1961, "spoke" for all of them. It is said that when he was taken from his capsule, he jumped up and down with joy. Then he shook the hands of the people who had rescued him. It seems clear that he was glad to be back on Earth!

Name _____ Date _____

●●●▶ **Think about the passage you read. Then complete the following paragraph with words from the Word List. (Remember to use a capital letter to begin a sentence.)**

Word List
| survive | chimp | oxygen | unfortunately |
| risked | orbited | capsule | recovered |

Many animals have **1)** _____ their lives to help people study space. A dog named Laika **2)** _____ Earth in 1957. **3)** _____, Laika did not **4)** _____. She died when her **5)** _____ ran out of **6)** _____. Enos, a **7)** _____, orbited Earth twice in 1961. Enos was **8)** _____ safely.

●●●▶ **Use the Word List above to choose the correct word for each meaning. Write your choice on the line.**

9. got back _____

10. went around _____

11. to live _____

12. an invisible gas _____

13. without luck _____

14. put in danger _____

15. part of a spacecraft _____

16. a kind of ape _____

 Bilingual: Reading Grade 4, SV 9781419099809

Animales en el espacio

Algunos animales han hecho cosas muy sorprendentes. Algunos se han convertido en héroes. Algunos han sido estrellas en películas o en programas de televisión. Los animales ayudan a las personas de muchas maneras. Los animales hasta han ayudado a la gente en el programa de investigaciones espaciales.

Desde 1957, muchos animales han ido al espacio. Ellos han ayudado a los científicos a resolver preguntas acerca de los viajes al espacio. Ellos han ayudado a que los viajes espaciales sean más seguros para los humanos. El primer animal en el espacio fue una perra que se llamaba Laika. Ella fue la primera criatura de la Tierra que estuvo en órbita. Ella mostró que los humanos podrían sobrevivir los viajes al espacio. Desafortunadamente, Laika no sobrevivió su viaje. Ella murió cuando su cápsula se quedó sin oxígeno.

Desde entonces, otros animales han seguido el mismo camino que Laika. Casi todos han sido recuperados sanos y salvos. Los científicos han enviado al espacio otros cuatro perros, varios chimpancés y monos. De estos, sólo se perdió Gordo, un mono ardilla. Su cápsula falló y no flotó cuando aterrizó en el océano.

Todos estos animales han arriesgado sus vidas para ayudar a que los humanos viajen con seguridad. Nosotros no podemos saber lo que ellos pensarían acerca de sus viajes. Tal vez Enos, un chimpancé que estuvo dos veces en órbita en la Tierra en 1961 "habló" en nombre de todos ellos. Se dice que cuando lo sacaron de su cápsula, él saltó de gusto para arriba y para abajo. Luego él saludó de mano a las personas que lo habían rescatado. ¡Parece muy claro que él estaba muy contento de regresar a la Tierra!

Nombre _____ Fecha _____

●●●▶ **Piensa en el pasaje que leíste. Luego completa el siguiente párrafo con palabras de la Lista de palabras. (Acuérdate de usar mayúscula al principio de la oración.)**

Lista de palabras	sobrevivió	chimpancé	oxígeno	desafortunadamente
	arriesgado	en órbita	cápsula	recuperado

Muchos animales han **1)** _____ sus vidas para

ayudar a la gente a estudiar el espacio. Una perra llamada Laika estuvo

2) _____ de la Tierra en 1957. **3)** _____,

Laika no **4)** _____. Ella murió cuando su

5) _____ se quedó sin **6)** _____.

Enos, un **7)** _____, orbitó la Tierra dos veces en 1961.

Enos fue **8)** _____ sano y salvo.

●●●▶ **Usa la Lista de palabras de arriba para escoger la palabra o palabras correctas para cada significado. Escríbelas en la línea.**

9. volver a tener algo _____

10. en movimiento alrededor de algo _____

11. vivió _____

12. un gas invisible _____

13. sin suerte _____

14. puesto en peligro _____

15. parte de una nave espacial _____

16. un tipo de mono _____

Bedelia

Al could not remember life before Bedelia arrived. It seemed that the big, gentle dog had always been with him. Al could remember all the way back to his fourth birthday. He could see Bedelia then, sitting on the floor next to his chair as he opened his presents. He could remember his first day of kindergarten, when Bedelia stayed in the car and he went into school. He could remember the first summer in their new house, when Bedelia got a new house of her own out in the yard.

In Al's memories, Bedelia was always full-grown. He never thought of her as small, although he knew she was once a puppy. She was always tall and slim, with flowing red hair. Even now that Al was growing, Bedelia was still a big dog. She was as high as his chest, and she could raise her head to look right at him with her wide, brown eyes.

47

Name _____ Date _____

●●●▶ Circle the letter next to the best answer.

1. Bedelia is a—
   A person.
   B dog.
   C cat.
   D fox.

2. Al is probably—
   A a young child.
   B an adult.
   C ten or eleven years old.
   D an old man.

3. Which of these best describes Al's feelings for Bedelia?
   A dislike
   B fear
   C wonder
   D love

4. The author most likely wrote this story to tell about a—
   A favorite pet.
   B boy's first day of school.
   C birthday present.
   D boy's summer vacation.

●●●▶ Write *true* or *false* next to each sentence.

5. _____ Bedelia was always full-grown.

6. _____ Al took Bedelia into kindergarten with him.

7. _____ Bedelia had a house of her own.

8. _____ Bedelia had flowing red hair.

9. _____ Al wishes for a different dog.

Bedelia

Alberto no podía recordar nada de su vida antes de que llegara Bedelia. Parecía como si aquella grande y tierna perra hubiera estado siempre con él. Alberto recordaba tiempo atrás, cuando él cumplió cuatro años. Él recordaba claramente a Bedelia en aquel entonces, sentada en el piso junto a su silla, mientras que él abría sus regalos. Él se acordaba de su primer día en el jardín de niños, cuando Bedelia se quedó en el carro y él se metió a la escuela. Él también recordaba el primer verano en su casa nueva, cuando Bedelia también estaba estrenando su propia casa afuera en el jardín.

En todo lo que recordaba, Alberto siempre veía a Bedelia como una perra adulta. Él nunca pensaba en ella como una perra pequeña, aunque él sabía que ella fue cachorra en algún tiempo. Para él, ella siempre fue alta y delgada, con su pelo rojo y largo. Aún ahora que Alberto estaba creciendo, él todavía veía a Bedelia como una perra grande. Ella estaba tan alta que le llegaba al pecho y ella podía levantar su cabeza y verlo directamente a la cara con sus grandes ojos de color café.

Bedelia
Bilingual: Reading Grade 4, SV 9781419099809

●●●▶ Encierra en un círculo la letra junto a la mejor respuesta.

1. Bedelia es—
   A una persona.
   B una perra.
   C un gato.
   D una zorra.

2. Probablemente Alberto—
   A es un niño pequeño.
   B es un adulto.
   C tiene diez u once años.
   D es un anciano.

3. ¿Cuál de los siguientes describe mejor lo que siente Alberto por Bedelia?
   A disgusto
   B miedo
   C asombro
   D amor

4. Probablemente el autor de esta historia la escribió para contar acerca—
   A de una mascota favorita.
   B del primer día de clases del niño.
   C de un regalo de cumpleaños.
   D de las vacaciones de verano del niño.

●●●▶ Escribe *verdadero* o *falso* junto a cada oración.

5. _____ Bedelia siempre fue una perra adulta.

6. _____ Alberto llevó a Bedelia dentro del jardín de niños con él.

7. _____ Bedelia tenía su propia casa.

8. _____ Bedelia tenía el pelo largo y rojo.

9. _____ Alberto quiere otro tipo de perro.

A Cat for Company

Ever since she could remember, Elizabeth had wanted to have a cat. She had stuffed cats, porcelain cats with their kittens, pictures of cats, and books about cats, but she did not have a cat of her own. She asked for one at every opportunity, but there always seemed to be some reason why she could not yet have a cat.

Finally, when Elizabeth turned ten, her parents gave her a certificate good for one cat. Elizabeth was thrilled. The next day she went with her father to the local pet shelter to pick out a kitten. It wasn't easy. They were all so cute! Elizabeth wished she could take them all home. At last she chose a pretty kitten. It was brown with flecks of gold, a gold stripe on its nose, and one gold foot. She brought it home and named it Specks. From the beginning, Specks knew that Elizabeth was her person. She always slept on Elizabeth's bed and jumped up on her lap when she sat down.

Shortly after getting Specks, Elizabeth's family moved to another state. Specks made the journey on Elizabeth's lap, curled up on a pillow and perfectly content. Elizabeth was glad to have Specks at her new home. She had to make new friends and go to a new school. It was nice to have the same old friend at home to be her companion when she felt lonely. Whenever Elizabeth did make a new friend, she couldn't wait to show off Specks. Her friends all thought Specks was beautiful. She had grown into a petite but pretty adult cat. In addition to her gold toe and the stripe on her nose, now she had a gold patch on her chest, too. Elizabeth could hardly remember what life had been like before Specks!

Read each clue. Choose a word from the Word List that fits each clue. Write the words in the puzzle.

Word List

| certificate | companion | addition | flecks |
| petite | content | local | porcelain |

ACROSS

2. nearby
4. small bits
6. adding to
8. an official paper

DOWN

1. a hard white material
3. one who stays with another
5. happy
7. small

Un gato de compañía

Siempre, desde que ella podía recordar, Elizabeth había deseado tener un gato. Ella tenía gatos de peluche, gatos de porcelana con sus gatitos, fotos de gatos y libros acerca de gatos, pero no tenía un gato de verdad. Cada vez que había una oportunidad, ella pedía un gato, pero siempre parecía haber una razón por la cual ella no podía tener un gato todavía.

Por fin, cuando Elizabeth cumplió diez años, sus papás le dieron un certificado que decía que podía tener un gato. Elizabeth estaba muy emocionada. Al día siguiente ella y su papá fueron al refugio local de animales para escoger un gato. No fue nada fácil. ¡Todos eran tan simpáticos! A Elizabeth le habría gustado poder llevárselos todos a casa. Al fin escogió una linda gatita. Era café con motas doradas, una franja dorada en su nariz y una pata dorada. Ella la trajo a casa y le puso el nombre de Motita. Desde un principio, Motita supo que Elizabeth era su persona. Ella siempre dormía en la cama de Elizabeth y cuando Elizabeth se sentaba, ella brincaba y se sentaba en sus piernas.

Al poco tiempo de tener a Motita, la familia de Elizabeth se fue a vivir a otro estado. Durante todo el viaje, Motita se fue, muy contenta, acurrucada en una almohada en el regazo de Elizabeth. Elizabeth estaba feliz de tener a Motita en su casa nueva. Ella tenía que hacer nuevos amigos y tenía que ir a una escuela nueva. Era bueno tener a una vieja amiga en casa que fuera su compañera cuando ella se sentía sola. Siempre que Elizabeth conocía a una nueva amiga, ella inmediatamente quería enseñarle a Motita. Todos sus amigos pensaban que Motita era hermosa. Ella creció y aunque estaba chiquita era una gata adulta muy bonita. Además de su pata dorada y la franja en su nariz, ahora ella también tenía una mancha dorada en el pecho. ¡Elizabeth ya ni se acordaba como era su vida antes de tener a Motita!

Lee cada pista. Escoge la palabra de la Lista de palabras que vayan de acuerdo con cada pista. Escríbelas en el crucigrama.

Lista de palabras

certificado   compañera   además   motas

porcelana   chiquita   contenta   local

HORIZONTAL

3. pequeñas manchas

5. a más de esto

6. un papel official

7. un material blanco duro

8. pequeña

VERTICAL

1. feliz

2. una que se queda con el otro

4. cercano

Pueblos fantasma

Son misteriosos, extraños, a menudo espeluznantes y algunas veces hermosos. Un pueblo fantasma es lo que queda de lo que alguna vez fue un pequeño poblado muy activo y lleno de vida. Hay cientos de pueblos fantasma por todo los Estados Unidos. Algunos están en islas. Todo lo que queda de la mayoría de ellos son sótanos con hoyos, cementerios y unas cuantas construcciones en ruinas. Los caminos están cubiertos de hierba. Los pozos están tapados. Sin alguien que señale ciertos lugares, una persona puede pasarlos sin darse cuenta. ¿Qué les pasó a estos pueblos? ¿Adónde se fue toda la gente? ¿Por qué se edificaron estos pueblos y después se abandonaron?

Los pueblos fantasma existen por varias razones. Una de las más comunes es por los cambios en la economía. Muchos de los pueblos fantasma empezaron como pueblos con molinos muy activos o pueblos mineros. La gente venía a estos pueblos a trabajar en el molino o en la mina. Luego llegó la gente que iba a poner panaderías, escuelas y tiendas. Al poco tiempo, ya había una comunidad. Pero tal vez el recurso natural se acabó. Tal vez alguien encontró otra piedra mejor que usar. Entonces la gente dejó de comprar el producto que mantenía al pueblo. Poco después, la gente se iba a otro lugar en busca de trabajo. Cuando ya no había suficiente gente que apoyara a los pequeños negocios, estos cerraban también. Con el tiempo, el pueblo se quedaba desierto. Muchos de los pueblos que empezaron en el oeste cuando la gente buscaba oro, fueron abandonados cuando ya no había oro que buscar o porque las minas estaban vacías.

Otras razones de la existencia de pueblos fantasma son menos comunes. Un pueblo en Massachusetts empezó en un área rocosa, en la parte interior, lejos del océano. Se estableció ahí, principalmente para protegerse de los piratas. Más tarde, los piratas ya no eran un peligro. La gente, poco a poco, abandonó el pueblo. El pueblo de Flagstaff, en Maine, no solamente fue abandonado, sino también enterrado bajo el agua. Este pueblo fue inundado para hacer una reserva de agua para la compañía eléctrica. Obligaron a las personas a cambiarse y se perdieron sus casas por el bien de muchas personas.

Cuando visites un pueblo fantasma, es interesante tratar de imaginarte cómo era la vida para las personas que vivían ahí. Con frecuencia tú puedes averiguar mucho con las personas que viven cerca. Generalmente hay muchas historias acerca de los pueblos fantasma y algunas le añaden algo de misterio.

Nombre _____ Fecha _____

●●●▶ Piensa acerca del pasaje que leíste. Luego completa el siguiente párrafo con palabras de la Lista de palabras.

Lista de palabras	en ruinas	abandonó	economía	mina
	recurso natural	protegerse	lugares	reserva

Los pueblos fantasma son pueblos que la gente **1)** _____.
Muchos pueblos se convirtieron en pueblos fantasma por cambios en la

2) _____. Si mucha gente del pueblo trabajaba en una

3) _____ y el **4)** _____ que se estaba

sacando se acababa, las personas tenían que buscar trabajo en otro lugar. Un pueblo

fue construido lejos del océano para **5)** _____ de los piratas.

Cuando los piratas ya no eran un problema, la gente se cambió a un lugar mejor. Otro

pueblo fue inundado para crear una **6)** _____ de agua para la

compañía eléctrica. Todo lo que queda en muchos **7)** _____ son

viejos cementerios y construcciones **8)** _____.

●●●▶ Un hecho es algo que ha pasado en realidad o es verdadero. Una opinión es lo que alguien piensa, y puede o no puede ser verdad. Escribe _hecho_ u _opinión_ junto a cada oración.

9. _____ Los pueblos fantasma son misteriosos, extraños, a menudo espeluznantes y a veces hermosos.

10. _____ Los pueblos fantasma son lo que queda de lo que una vez fue un poblado activo y lleno de vida.

11. _____ Muchos pueblos fantasma empezaron como pueblos con molinos o pueblos mineros.

12. _____ Un pueblo se puso ahí para protegerse de los piratas.

13. _____ Es interesante tratar de imaginarse cómo era la vida ahí.

Castles

Castles can be grand and mysterious places. The high walls, the passages and walkways, and the murky dungeons make castles seem from another world. Castles were not mysterious to those who built and lived in them hundreds of years ago. They were home.

Castles were like small towns. The lord and lady had their family and servants. There were workers and soldiers. There were people who took care of the buildings. There were gardens for growing food. There was usually a village outside the castle walls. The village sometimes helped protect the castle. The village may have had a wall around it, too. The village and farmlands supplied the castle with more ood.

Castles were built for safety and defense from attack. There were several ways to attack a castle. For each type of attack, the castle soldiers had a plan to fight back. Walls were buried deep in the ground to prevent the digging of tunnels. Moats surrounded many castles as well. There were many small windows, cuts in the stone, and turrets. The soldiers could watch for and shoot arrows at their enemies from these places. They dropped rocks, boiling water, and hot sand onto their attackers. If the enemy put up ladders, they could be pushed away. A castle might be surrounded by enemies. This was so that no food could be brought in. The enemy hoped those inside would starve or surrender. Those in the castle made every attempt to keep large supplies of food on hand always.

Over the years, castles became less important. Times became more peaceful. Eventually many castles were abandoned. Their stones were used for building in the surrounding villages. Many other stone castles still stand today. Some have been used as royal palaces.

●●● ▶ **Circle the letter next to the best answer.**

1. Why were castles built?
   A as a place for lords and ladies to live
   B so that soldiers could practice fighting
   C for safety and defense from attack
   D to keep builders busy

2. Why would the enemy surround a castle?
   A so that the people inside would starve or surrender
   B so that no one could attack the castle
   C so that the soldiers would see all the attackers
   D so that they could build new sides

3. Where did the people in a castle get their food?
   A They stole it from visiting ships.
   B They made it all.
   C They grew some and got some from the village.
   D They bought it in cities.

4. What might happen to a castle without soldiers?
   A It would be kept safe by the villagers.
   B The lord and lady could protect it.
   C The enemy would be afraid to attack.
   D The castle would fall quickly to the enemy.

5. How are some castles used today?
   A They are still used for protection.
   B They are mostly theme parks.
   C Some are used as royal palaces.
   D All of the castles have been destroyed.

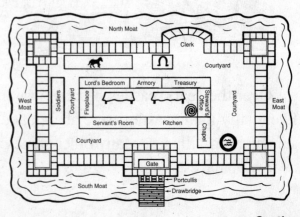

Los castillos

Los castillos pueden ser lugares grandiosos y misteriosos. Los muros altos, los pasadizos, los corredores y los tenebrosos calabozos hacen que los castillos parezcan de otro mundo. Los castillos no eran misteriosos para aquellos que los construyeron y los habitaron hace cientos de años. Eran sus casas.

Los castillos eran como pequeñas ciudades. El gran señor y la señora tenían a su familia y a sus sirvientes. Había trabajadores y soldados. Había personas que se encargaban de los edificios. Había hortalizas donde se cultivaban vegetales. Generalmente había un pueblo afuera de los muros del castillo. El pueblo algunas veces ayudaba a proteger el castillo. El pueblo también tenía un muro alrededor. El pueblo y las tierras agrícolas surtían más alimentos al castillo.

Los castillos se construían por seguridad y para defenderse de los ataques. Había varias formas de atacar un castillo. Para cada tipo de ataque, los soldados del castillo tenían un plan para responder al ataque. Los muros se construían desde muy abajo en la tierra para evitar que se pudieran cavar túneles subterráneos. También muchos castillos estaban rodeados por fosas. Había muchas ventanas pequeñas, cortadas en la piedra y torres. Los soldados podían vigilar y lanzar flechas a sus enemigos desde estos lugares. Ellos tiraban piedras, agua hirviendo y arena caliente a los que atacaban. Si el enemigo ponía escaleras, ellos podían empujarlas. Un castillo podía ser rodeado por el enemigo. Hacían esto para no permitir que les llevaran comida. El enemigo esperaba que los que estaban adentro se murieran de hambre o se rindieran. Aquellos que estaban en el castillo hacían todo lo posible por tener siempre a la mano grandes cantidades de comida.

Con el paso de los años, los castillos se han vuelto menos importantes. Los tiempos se han vuelto más pacíficos. Con el tiempo, muchos castillos fueron abandonados. Sus piedras fueron usadas para hacer construcciones en los pueblos cercanos. Muchos otros castillos de piedra todavía existen hoy en día. Algunos se han usado como palacios reales.

Nombre _____ Fecha _____

●●●▶ **Encierra en un círculo la letra junto a la mejor respuesta.**

1. ¿Por qué se construían los castillos?
   A para que vivieran en ellos los grandes señores y señoras
   B para que los soldados pudieran practicar a pelear
   C por seguridad y defensa de los ataques
   D para mantener a los constructores ocupados

2. ¿Por qué rodeaba el enemigo al palacio?
   A para que la gente que estaba adentro muriera de hambre o se rindiera
   B para que nadie pudiera atacar el castillo
   C para que los soldados pudieran ver a los que estaban atacando
   D para que ellos construyeran nuevos lados

3. ¿De dónde conseguía la comida la gente del palacio?
   A La robaban de barcos que pasaban.
   B Ellos la preparaban toda.
   C Ellos cultivaban algo y conseguían otra del pueblo.
   D La compraban en ciudades.

4. ¿Qué pasaría si un castillo no tuviera soldados?
   A La gente del pueblo la defendería.
   B El gran señor y la señora lo protegerían.
   C El enemigo tendría miedo de atacarlo.
   D El castillo caería rápidamente en manos del enemigo.

5. ¿Cómo se usan algunos castillos ahora?
   A Todavía se usan como protección.
   B Se usan como parques de entretenimiento.
   C Algunos se usan como palacios reales.
   D Todos los castillos han sido destruidos.

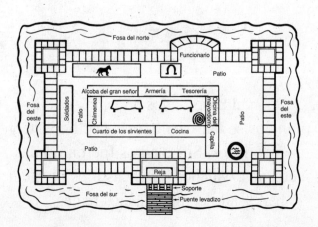

A New View

An experience does not have to be very big or exciting to be an adventure. You don't have to make a grand discovery or travel far. You can have an adventure every day. Learning something new is an adventure. Exploring a new place in your town or neighborhood can be an adventure.

Every time you learn something new, it makes you grow. It gives you a new piece of knowledge that you can share with other people. How do you learn new things? When you are at school, there are new things to learn every day. Your teacher presents them to you in books, as class work, as research at the library, or as homework. When you are not in school, you continue to learn new things. You ask questions, you watch the news, you read books, you read information on the Internet, and you go places. Sometimes you may go to a new place. Other times you may go to a place you've been to often. Each time, you can learn something new and make the trip an adventure.

Curiosity is what brings us adventure. If we don't wonder about anything, we will not experience much. If you wonder what is on the other side of the hill, you can go and find out. You may wonder what it would be like to try a new food, speak a different language, or live in another time. You can try the food, learn the language, or read a book. Museums are great fun to visit. They can teach us much about how other people have lived.

Every day of our lives is a day to learn and grow. There will always be something more to learn and do. There will always be an adventure waiting around the corner.

A New View
Bilingual: Reading Grade 4, SV 9781419099809

●●●▶ **Circle the letter next to the best answer.**

1. What is the main idea of this passage?
   A School is an adventure.
   B Exploring is fun.
   C Learning is an adventure.
   D Reading is fun.

2. What is curiosity?
   A wonder
   B foolishness
   C adventure
   D learning

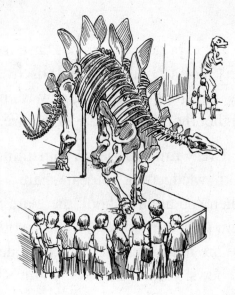

3. What does the passage say that a person needs in order to have an adventure?
   A a lot of money
   B to travel far
   C many friends
   D curiosity

4. Which of these is not mentioned in the passage?
   A trying a new food
   B learning to fly
   C speaking a new language
   D living in another time

5. Which of these is an opinion from the passage?
   A When you are at school, there are new things to learn every day.
   B If you wonder what is on the other side of the hill, you can go and find out.
   C Other times you may go to a place you've been to often.
   D Museums are great fun to visit.

Algo nuevo

Una experiencia no tiene que ser muy grande o emocionante para ser una aventura. No tienes que hacer un gran descubrimiento o hacer un viaje muy lejos. Puedes tener una aventura todos los días. Cuando aprendes algo nuevo es una aventura. Explorar un lugar nuevo en tu ciudad o por donde vives puede ser una aventura.

Cada vez que aprendes algo nuevo, eso te hace crecer. Te da un conocimiento nuevo que puedes compartir con otras personas. ¿Cómo aprendes cosas nuevas? Cuando estás en la escuela, todos los días hay cosas nuevas que aprender. Tu maestra te las presenta en libros, en el trabajo de clase, como investigación en la biblioteca o como tarea. Cuando no estás en la escuela, sigues aprendiendo nuevas cosas. Haces preguntas, miras las noticias, lees libros, lees información en el Internet y visitas lugares. A veces vas a un lugar nuevo. Otras veces vas a un lugar que ya has visitado con frecuencia. Cada vez, puedes aprender algo nuevo y hacerlo una aventura.

La curiosidad es lo que nos trae aventura. Si a nosotros no nos llama la atención nada, no vamos a tener muchas experiencias. Si te preguntas qué habrá al otro lado de la colina, puedes ir y averiguar. Puedes imaginarte cómo será probar una comida nueva, hablar otro idioma o vivir en otra época. Puedes probar la comida, aprender otro idioma o leer un libro. Es muy divertido visitar los museos. Nos pueden enseñar mucho acerca de cómo vivieron otras personas.

Cada día de nuestras vidas es un día para aprender y crecer. Siempre habrá algo más que aprender y que hacer. Siempre habrá una aventura esperándonos a la vuelta de la esquina.

●●●▶ **Encierra en un círculo la letra junto a la mejor respuesta.**

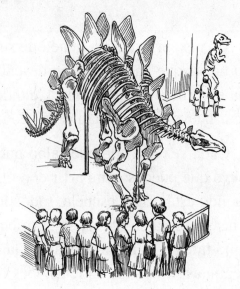

1. ¿Cuál es la idea principal de este pasaje?
   A La escuela es una aventura.
   B Explorar es divertido.
   C Aprender es una aventura.
   D Leer es divertido.

2. ¿Qué es la curiosidad?
   A querer saber
   B tontería
   C aventura
   D aprender

3. ¿Qué dice el pasaje que necesita una persona para tener una aventura?
   A mucho dinero
   B viajar muy lejos
   C muchos amigos
   D curiosidad

4. ¿Cuál de los siguientes no se menciona en el pasaje?
   A probar una comida nueva
   B aprender a volar
   C hablar un idioma nuevo
   D vivir en otra época

5. ¿Cuál de estas es una opinión del pasaje?
   A Cuando estás en la escuela, todos los días hay cosas nuevas que aprender.
   B Si tú te preguntas que hay al otro lado de la colina, puedes ir y averiguar.
   C Otras veces puedes ir a un lugar que ya has visitado con frecuencia.
   D Es muy divertido visitar los museos.

Movie Mystery

Jill and Pablo went to the store to rent a movie. Jill was going to get some popcorn and Pablo was going to choose the movie. "Remember, Pablo," said Jill. "I don't like mysteries!"

When Pablo and Jill met in front of the store, she said, "What did you get? Is it a good one? Were there many movies available?"

"Don't worry," said Pablo. "It's not a mystery!"

They got to Pablo's house, and Pablo put the movie into the DVD player. There were many previews, and then finally the feature movie started.

"Oh!" said Jill. "Is this a good one? Have you seen this one yet?" As the characters in the movie came on, Jill said, "Who's that? I wonder what she will do! I'll bet that man is the one who causes all the trouble!" Then, as the plot moved along, she would say, "Now why did they do that? Don't they know there's a trap there? Why don't they go the other way around?"

Jill asked questions about every detail of the movie. Pablo said, "Just watch!" The movie reached its climax; it was the big event that the plot of the movie had been working toward all along. Pablo thought all of Jill's questions must have been answered. However, as the credits began to roll, Jill said, "Why didn't they just leave in the first place?"

Pablo said, "Jill, I have never heard so many questions in my life! I think you might as well watch mysteries—for you, every movie is a mystery!"

71

Name _____ Date _____

 Read each clue. Choose a word from the Word List that fits each clue. Write the words in the puzzle.

Word List
| available | previews | feature | plot |
| detail | climax | credits | |

ACROSS

5. possible to get

6. a list that tells who did the work in a book or movie

7. the actions and events of a story

DOWN

1. views of something to come

2. the point of highest interest in a book or movie

3. in film, the main attraction

4. a bit of information

Bilingual: Reading Grade 4, SV 9781419099809

La película misteriosa

Jill y Pablo fueron a la tienda a rentar una película. Jill iba a comprar palomitas de maíz y Pablo iba a escoger la película. —Pablo, acuérdate que no me gustan las películas de misterio —dijo Jill.

Cuando Pablo y Jill se encontraron al frente de la tienda, ella le dijo: —¿Qué escogiste? ¿Es buena? ¿Había muchas películas disponibles?

—No te preocupes ¡No es de misterio! —dijo Pablo.

Llegaron a la casa de Pablo y él puso la película en el reproductor de DVD. Por fin, después de todos los avances de los estrenos, empezó la presentación de su película.

¡Ah! —dijo Jill—. ¿Es una buena película? ¿No la has visto todavía?

Según iban apareciendo los personajes de la película, Jill decía: —¿Quién es esa? ¡Me pregunto qué hará! ¡Estoy segura que ese hombre es el que va a causar todos los problemas!

Luego, conforme la trama avanzaba, ella decía: —¿Por qué hacen eso? ¿No saben que hay una trampa ahí? ¿Por qué no van por el otro lado?

Jill hizo preguntas acerca de cada detalle en la película. Pablo dijo: —¡Sólo véla!

La película llegó a su punto culminante, el gran evento que la trama de la película había estado preparando desde un principio. Pablo pensó que con eso ya se habían contestado todas las preguntas que tenía Jill. Sin embargo, mientras que salían todos los créditos, Jill dijo: —¿Por qué no se fueron desde el principio?

Pablo dijo: —¡Nunca antes había escuchado tantas preguntas! Yo pienso que tú deberías de ver películas de misterio. ¡Para ti todas las películas son un misterio!

Bilingual: Reading Grade 4, SV 9781419099809

●●●▶ **Lee cada pista. Escoge la palabra o palabras de la Lista de palabras que vayan de acuerdo con cada pista. Escríbelas en el crucigrama.**

Lista de palabras

disponibles	avances	presentación	trama
detalle	créditos	punto culminante	

HORIZONTAL

1. asuntos y acontecimientos de una historia

5. exhibición

6. un poco de información

7. lista que dice quién hizo el trabajo en un libro o una película

VERTICAL

2. muestras de algo que se verá

3. la parte de mayor interés en un libro o una película

4. que se pueden obtener

The Trunk

Amy and Andy crept up the attic stairs of their grandfather's house. He didn't mind if they looked around, but each time the children climbed the stairs, they felt a little frightened of the attic. Light came in at each end of the room through the windows, but the old crates, boxes, and furniture there gave the room a spooky feeling. Amy and Andy knew that most of the boxes had been there for many years. Still, something about the attic drew them there.

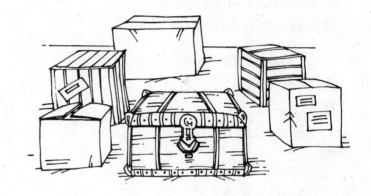

This time, Amy's eyes were drawn immediately to a trunk in the middle of a clearing on the floor. She did not remember seeing such a trunk on previous visits. Amy went to the trunk and opened the heavy lid. Inside were many odd items. Amy wasn't sure what they were. She reached toward the bottom of the trunk and pulled out a cloak. It looked like something a magician would wear. She put it over her shoulders.

"Hey, Andy!" she called. "Look at me!"

"Where are you?" said Andy. "Amy, stop playing games. Where did you go?"

"Right here, silly!" said Amy. "I'm trying out this cloak!" As she took it off, she reappeared.

The children took turns trying on the cloak and decided it must be magic. They put it back into the trunk and ran down the stairs to tell their grandfather. When he heard their story, their grandfather laughed. The children insisted that he come up and look at the trunk with them, but when they got back to the attic, the whole trunk was gone! They looked all over the attic for the trunk, but they never found it again. No one but Amy and Andy seemed to believe their story of the cloak. But they couldn't help noticing a twinkle in their grandfather's eye whenever they told the story.

Name _____ Date _____

●●●▶ **Circle the letter next to the best answer.**

1. The children found the trunk in—
   A their grandfather's cellar.
   B their grandfather's garage.
   C their parents' attic.
   D their grandfather's attic.

2. The trunk was—
   A something they had seen before.
   B something they had not seen before.
   C buried by many old boxes.
   D empty except for the cloak.

3. The cloak made Amy—
   A hungry.
   B shrink.
   C disappear.
   D hot.

4. When they looked for the trunk again,—
   A it was gone.
   B it was locked shut.
   C it had been moved.
   D it was empty.

5. The twinkle in their grandfather's eye probably made the children
   think that—
   A their grandfather was crying.
   B their grandfather was old.
   C their grandfather had a secret.
   D their grandfather did not believe them.

El baúl

Amy y Andy subieron lentamente las escaleras del desván en la casa de su abuelo. A él no le molestaba que ellos anduvieran por ahí mirando, pero cada vez que ellos subían esas escaleras, a ellos les daba un poco de miedo el desván. A cada extremo del cuarto habían unas ventanas por las que entraba la luz, pero los paquetes viejos, las cajas y los muebles que estaban ahí hacían que el cuarto se viera un poco escalofriante. Amy y Andy sabían que la mayoría de las cajas habían estado ahí desde hacía años. Sin embargo, por alguna razón el desván les llamaba la atención.

Esta vez, los ojos de Amy se dirigieron inmediatamente hacia un baúl que estaba en una parte despejada en medio del cuarto. Ella no recordaba haber visto ese baúl en visitas anteriores. Amy se dirigió al baúl y levantó la tapa pesada. Adentro había muchos artículos extraños. Ella no sabía qué eran. Amy metió su mano hasta el fondo del baúl y jaló una capa. Se veía como algo que usaría un mago. Ella la puso sobre sus hombros.

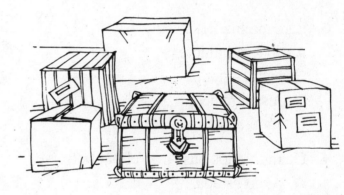

—¡Ey, Andy! —lo llamó—. ¡Mírame!

—¿Dónde estás? —dijo Andy—. Amy, deja de jugar. ¿A dónde te metiste?

—¡Aquí estoy, tontito! —dijo Amy—. ¡Me estoy probando esta capa!

Cuando ella se la quitó, volvió a aparecer.

Los niños tomaron turnos para ponerse la capa y decidieron que era mágica. Ellos la pusieron otra vez en el baúl y bajaron corriendo las escaleras para decirle a su abuelito. Cuando él escuchó la historia, se rió. Los niños insistían en que él fuera con ellos al desván y mirara el baúl, pero cuando ellos regresaron al desván, ¡el baúl ya no estaba! Lo buscaron por todos lados en el desván, pero nunca lo volvieron a encontrar. Nadie, excepto Amy y Andy, parecía creer la historia de la capa. Pero ellos se dieron cuenta de que su abuelo tenía un brillo en sus ojos cada vez que ellos contaban su historia.

●●◉▶ **Encierra en un círculo la letra junto a la mejor respuesta.**

1. Los niños encontraron el baúl en—
   A el sótano de su abuelo.
   B el garaje de su abuelo.
   C el desván de sus papás.
   D el desván de su abuelo.

2. El baúl—
   A era algo que ellos habían visto antes.
   B era algo que ellos no habían visto antes.
   C estaba debajo de muchas cajas viejas.
   D estaba vacío, sólo tenía una capa.

3. La capa hizo que Amy—
   A tuviera hambre.
   B se encogiera.
   C desapareciera.
   D tuviera calor.

4. Cuando ellos buscaron el baúl otra vez—
   A ya no estaba.
   B tenía un candado.
   C lo habían movido.
   D estaba vacío.

5. El brillo en los ojos de su abuelo hizo que los niños pensaran que—
   A su abuelo estaba llorando.
   B su abuelo estaba viejo.
   C su abuelo tenía un secreto.
   D su abuelo no les creía.

El hombre detrás del oso

   ¿Has oído alguna vez de Morris Michtom? Quizá no hayas oído
de él, pero con toda seguridad has oído de un juguete que él inventó.
Michtom y su familia vinieron a los Estados Unidos desde Rusia.
Ellos vivieron en Brooklyn, Nueva York, donde Michtom era dueño
de una pequeña tienda de dulces, regalos y papelería.

   Michtom admiraba mucho a Theodore Roosevelt, quien era el presidente de los
Estados Unidos en aquel tiempo. En 1902, Michtom leyó en el periódico un artículo
acerca de Roosevelt. El artículo hablaba de cómo el presidente, durante un viaje de
cacería, le había salvado la vida a un pequeño osito evitando que le dispararan. Junto
con la historia, había una caricatura del suceso. La caricatura y la historia le dieron a
Michtom una idea para un nuevo juguete.

   Michtom le escribió una carta al Presidente Roosevelt. Él le pedía permiso al
presidente de hacer y vender un osito de peluche que se llamaría el "Osito Teddy". El
presidente le contestó a Michtom y le dio su autorización. La esposa de Morris, Rose
Michtom, hizo el primer osito para vender con brazos y piernas que se podían mover.
Se vendió rápidamente, y ella hizo otros osos para reemplazarlo. Muy pronto Michtom
formó una compañía para producir más osos de peluche.

   Los ositos Teddy se volvieron muy populares por todo los Estados Unidos. En la
actualidad se hacen y se venden muchos tipos diferentes de osos de peluche para niños
y adultos. La compañía de juguetes de Michtom todavía continúa funcionando en
Brooklyn, Nueva York.

Nombre _____ Fecha _____

●●●▶ Encierra en un círculo la letra junto a la mejor respuesta.

1. ¿De qué trata principalmente este pasaje?
   A de la vida de Morris Michtom en Rusia
   B de cómo funciona una fábrica de juguetes
   C de cómo se inventó el oso de peluche
   D del viaje de cacería del Presidente Roosevelt

2. ¿Cómo se ganaba la vida Michtom en Brooklyn?
   A Él era dueño de una pequeña tienda.
   B Él escribía historias en los periódicos.
   C Él trabajaba para el presidente.
   D Él era dueño de una juguetería.

3. En la actualidad, los osos de peluche—
   A no son muy populares.
   B son comprados por muchos niños y adultos.
   C son difíciles de encontrar.
   D únicamente se venden en Brooklyn, Nueva York.

4. ¿Qué fue lo primero que hizo Michtom cuando tuvo la idea?
   A Él formó una compañía.
   B Él empezó a vender osos de peluche.
   C Él leyó una historia en el periódico.
   D Él le escribió al Presidente Roosevelt.

5. ¿En dónde es más probable que leas este pasaje?
   A en un libro de niños
   B en el calendario de un agricultor
   C en un libro de historia
   D en una autobiografía

Bilingual: Reading Grade 4, SV 9781419099809

Name _____   Date _____

Summer Reading Program

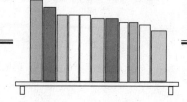

Come to the Read-Over Friday, May 28! It is sponsored by the fourth-grade teachers to kick off the summer reading program. Principal Jones, Ms. Rodríguez, and Coach Lee will also attend. Let's see how many pages fourth graders can read in one night at a sleep-over party!

Rules and Information

1. You must be a fourth grader at Main Street School to attend.

2. Get a permission slip from Ms. Wong in Room 211. Have your parents complete the slip and return it by Monday, May 24.

3. Report to the gym at 7:30 P.M. on Friday, May 28, dressed in shorts or jeans and a T-shirt to sleep in.

4. Bring a sleeping bag, pillow, and lots of reading material.

5. We will stay up late and read, read, read!

6. In the morning, we'll tally the total number of pages read.

7. Breakfast will be served at 7:00 A.M.

8. Parents must pick up students by 9:00 A.M. on Saturday, May 29.

Summer Reading Program
Bilingual: Reading Grade 4, SV 9781419099809

Name _____ Date _____

●●●▶ **Circle the letter next to the best answer.**

1. Where will students at the Read-Over spend the night?
   A in the principal's office
   B in the library
   C in Room 211
   D in the gym

2. Which of these is NOT important to bring to the Read-Over?
   A sleeping bag
   B reading material
   C flashlight
   D pillow

3. When does the Read-Over end?
   A 7:30 P.M. on Friday, May 28
   B 7:30 A.M. on Friday, May 28
   C 7:30 A.M. on Saturday, May 29
   D 9:00 A.M. on Saturday, May 29

4. Why are the fourth-grade teachers having a Read-Over?
   A to raise money
   B to introduce the summer reading program
   C to help parents
   D to help the librarian move books to the new library

5. What is the last date to turn in permission slips?
   A May 12
   B May 13
   C May 24
   D May 5

Bilingual: Reading Grade 4, SV 9781419099809

Programa de lectura de verano

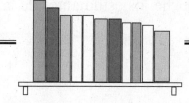

¡Ven a leer la noche del viernes 28 de mayo! Es patrocinado por los maestros de cuarto grado para dar inicio al programa de lectura de verano. El director Jones, la señorita Rodríguez y el entrenador Lee estarán presentes también. ¡Veamos cuántas páginas pueden leer los alumnos de cuarto grado en una fiesta nocturna de lectura!

Reglas e información

1. Para poder participar, debes ser alumno de cuarto grado de la escuela Main Street.

2. Obtén una forma de autorización de la señora Wong en el salón 211. Pídeles a tus papás que completen la forma y regrésala a más tardar el lunes 24 de mayo.

3. Preséntate en el gimnasio el viernes 28 de mayo, a las 7:30 p.m. con shorts o pantalones de mezclilla y una camiseta para dormir.

4. Trae un saco de dormir, una almohada y mucho material para leer.

5. ¡Nos vamos a acostar muy tarde y vamos a leer, leer y leer!

6. En la mañana, vamos a contar el número total de páginas que leímos.

7. El desayuno se servirá a las 7:00 a.m.

8. El sábado 29 de mayo, los padres deberán recoger a los estudiantes a las 9:00 a.m.

Nombre _____ Fecha _____

●●●▶ **Encierra en un círculo la letra junto a la mejor respuesta.**

1. ¿En dónde van a pasar la noche los estudiantes de la fiesta nocturna de lectura?
   A en la oficina del director
   B en la biblioteca
   C en el salón 211
   D en el gimnasio

2. ¿Cuál de los siguientes NO es importante que traigan los estudiantes a la fiesta nocturna de lectura?
   A saco de dormir
   B material para leer
   C linterna
   D almohada

3. ¿Cuándo termina la fiesta nocturna de lectura?
   A el viernes 28 de mayo, a las 7:30 p.m.
   B el viernes 28 de mayo, a las 7:30 a.m.
   C el sábado 29 de mayo, a las 7:30 a.m.
   D el sábado 29 de mayo, a las 9:00 a.m.

4. ¿Por qué ofrecen esta fiesta nocturna de lectura los maestros de cuarto grado?
   A para reunir dinero
   B para dar inicio al programa de lectura de verano
   C para ayudarles a los padres
   D para ayudarle al bibliotecario a mover los libros a la nueva biblioteca

5. ¿Cuál es el último día para entregar las formas de autorización?
   A el 12 de mayo
   B el 13 de mayo
   C el 24 de mayo
   D el 5 de mayo

Challenge! Find the Sentence!

Name _____   Date _____

> In each puzzle, there are hidden words that form a sentence. The words go across or up and down.

●●●▶ Find the hidden words and write the sentence.

```
T  H  E  Q  D  N  X  X  R  B
C  Y  T  M  W  A  L  K  E  D
E  Z  O  X  R  I  W  N  Y  O
J  K  S  T  V  S  C  B  P  V
N  P  E  T  N  L  A  N  Y  N
F  A  O  C  S  T  O  R  E  L
B  O  B  B  Y  S  Z  X  D  S
```

1. _____

_____

```
F  I  N  G  E  R  S
Y  G  H  U  C  B  Z
I  U  I  Z  A  N  D
P  D  S  O  Q  T  X
P  V  U  W  B  H  M
E  L  I  C  K  E  D
D  O  G  S  N  T  F
```

2. _____

_____

Challenge! Find the Sentence!
Bilingual: Reading Grade 4, SV 9781419099809

¡Reto! ¡Encuentra la oración!

En cada rompecabezas hay palabras escondidas que forman una oración. Las palabras corren horizontal o vertical.

●●●▶ **Encuentra las palabras escondidas y escribe la oración.**

L	A	E	Q	D	N	X	X	R	B
C	Y	D	M	C	A	M	I	N	O
E	Z	E	X	R	I	W	N	H	O
M	A	S	C	O	T	A	S	P	V
N	P	B	T	N	L	A	N	H	N
F	H	O	C	T	I	E	N	D	A
B	O	B	B	Y	S	Z	X	D	S

1. _____

_____

L	A	M	I	E	R	O	N	S
Y	G	S	D	I	P	R	O	G
I	U	U	Z	X	L	U	C	D
P	D	S	O	Q	O	X	M	E
P	V	U	W	B	S	M	F	D
L	A	D	R	A	R	O	N	O
P	E	R	R	O	S	F	H	S

2. _____

_____

www.harcourtschoolsupply.com
© HMH Supplemental Publishers Inc. All rights reserved.

88

¡Reto! ¡Encuentra la oración!
Bilingual: Reading Grade 4, SV 9781419099809

Three in a Row!

Homophones are words that are pronounced the same but have different meanings and spellings. **Example:** *write* and *right*

●●●▶ **Two players each choose a letter—X or O. The younger player goes first. The first player names and spells the homophone partner for a word on the game board. If the player is correct, he or she writes an X or O on that space. The second player takes a turn. The player who first writes three letters in a row across, up-and-down, or diagonally wins.**

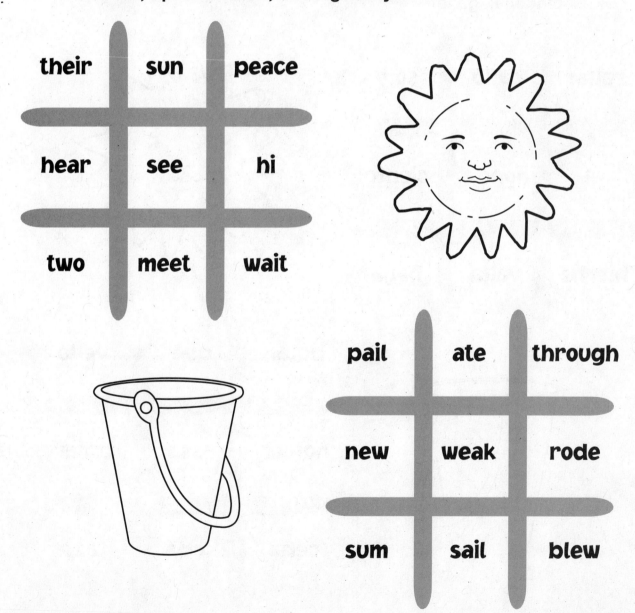

their	sun	peace
hear	see	hi
two	meet	wait

pail	ate	through
new	weak	rode
sum	sail	blew

Three in a Row!
Bilingual: Reading Grade 4, SV 9781419099809

¡Tres en hilera!

Los homófonos son palabras que se pronuncian igual, pero se escriben diferente y tienen diferente significado. **Ejemplo:** *hierba* y *hierva*

●●●▶ **Dos jugadores escogen cada uno una letra—*X* u *O*. El jugador más pequeño va primero. El primer jugador dice y deletrea el homófono que corresponda a una de las palabras en el juego. Si el jugador está correcto él o ella escribe *X* u *O* en ese espacio. El segundo jugador toma su turno. El jugador que primero escriba tres de sus letras en hilera vertical, horizontal o diagonal, gana.**

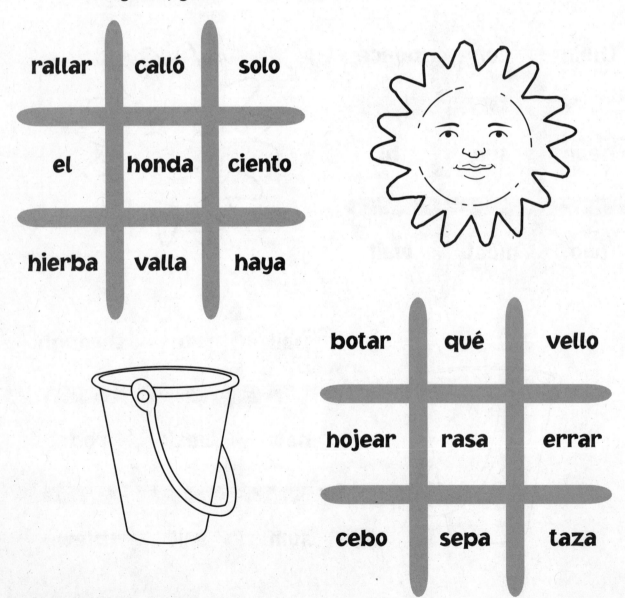

rallar	calló	solo
el	honda	ciento
hierba	valla	haya

botar	qué	vello
hojear	rasa	errar
cebo	sepa	taza

Bilingual: Reading Grade 4, SV 9781419099809

Find the Hidden Picture!

Homographs are words that have the same spelling but different meanings. Some homographs are pronounced differently.

●●●▶ **Color the words that are homographs. A picture will appear!**

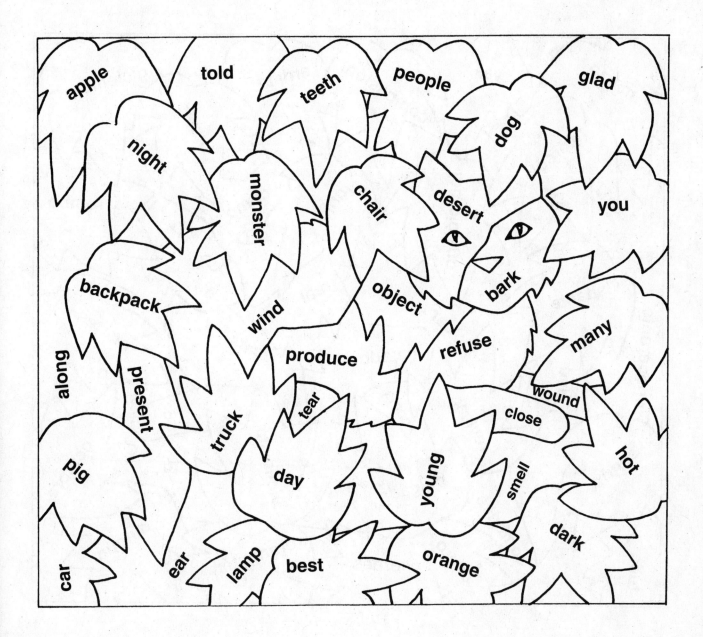

Bilingual: Reading Grade 4, SV 9781419909

¡Encuentra el dibujo escondido!

Los homógrafos son palabras que se escriben igual, pero tienen diferentes significados. Algunos homógrafos se pronuncian diferente.

●●● **Colorea las palabras que son homógrafos. ¡Aparecerá un dibujo!**

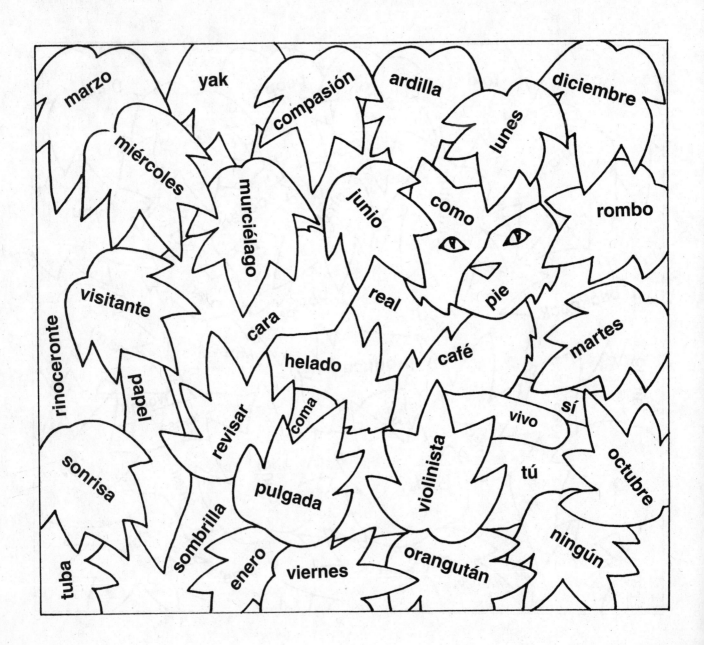

www.harcourtschoolsupply.com
© HMH Supplemental Publishers Inc. All rights reserved.

92

¡Encuentra el dibujo escondido!
Bilingual: Reading Grade 4, SV 9781419099809

A-mazing!

●●●▶ **Draw a line from *Start* to the *Swamp*. Follow the path of words that name places having water.**

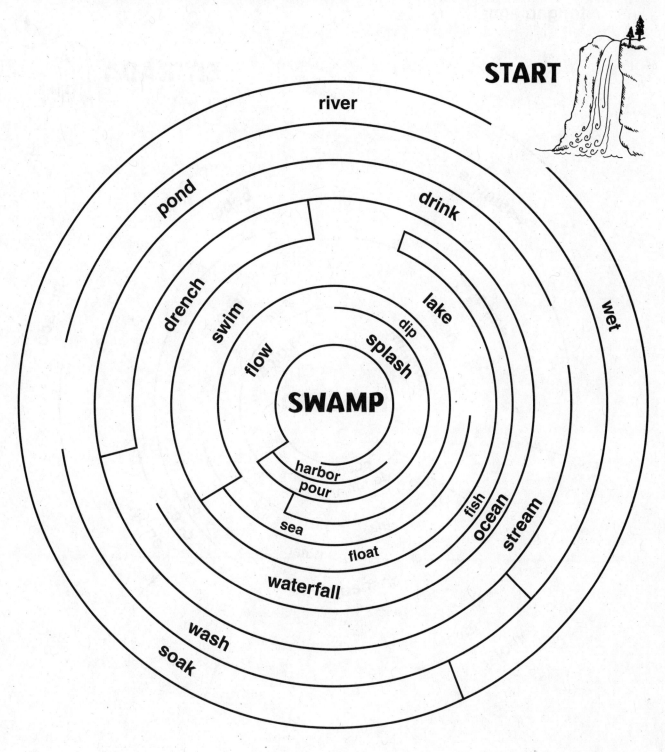

START

river

pond

drink

drench

swim

lake

dip

flow

splash

SWAMP

wet

harbor
pour

sea

fish

ocean

stream

float

waterfall

wash

soak

Nombre _____ Fecha _____

¡Laberinto!

●●●▶ **Dibuja una línea desde la *Entrada* hasta el *Pantano*. Sigue el camino de las palabras que mencionen lugares que tengan agua.**

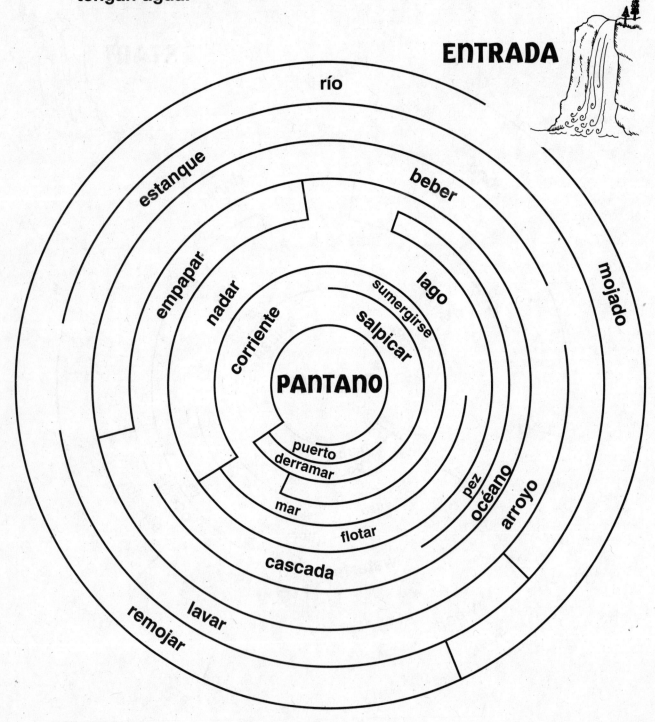

ENTRADA

río
estanque
beber
mojado
empapar
nadar
lago
corriente
sumergirse
salpicar
PANTANO
puerto
derramar
mar
pez
océano
arroyo
flotar
cascada
lavar
remojar

Bilingual: Reading Grade 4, SV 9781419099809

Answer Key

•••

Pages 4 and 6
1. B
2. C
3. A
4. D
5. A

Page 8
1. American
2. research
3. organize
4. arrangements
5. spare
6. presentation
7. obvious
8. achievement
9. American
10. obvious
11. organize
12. achievement
13. spare
14. research
15. arrangements
16. presentation

Page 10
1. estadounidense
2. investigación
3. organizar
4. arreglos
5. anticipación
6. presentación
7. obvio
8. logrado
9. estadounidense
10. obvio
11. organizar
12. logrado
13. anticipación
14. investigación
15. arreglos
16. presentación

Page 12
ACROSS
2. donated
7. five hundred ninety six
8. assistance
DOWN
1. contributions
3. fifty seven
4. generous
5. hesitant
6. replenish

Page 14
HORIZONTAL
2. resurtir
3. donaron
5. cincuenta y siete
7. donaciones
8. generosas
VERTICAL
1. quinientos noventa y seis
4. indecisas
6. asistencia

Pages 16 and 18
1. D
2. C
3. B
4. B
5. D

Page 20
1. educational
2. confident
3. dismayed
4. bashful
5. culture
6. acquainted
7. true
8. true
9. false
10. false
11. true
12. false
13. false
14. true
15. false

Page 22
1. educativo
2. seguro
3. consternada
4. eran tímidas
5. cultura
6. conocido
7. verdadero
8. verdadero
9. falso
10. falso
11. verdadero
12. falso
13. falso
14. verdadero
15. falso

Page 24
ACROSS
3. recommended
4. astronauts
5. adapt
8. imitate
DOWN
1. effects
2. separation
6. gravity
7. zero G

Page 26
HORIZONTAL
1. separación
6. imitan
7. astronautas
8. cero G
VERTICAL
2. recomendado
3. efectos
4. adaptarse
5. gravedad

Page 28
ACROSS
3. relatives
4. communication
7. support
8. grandparents
DOWN
1. opportunities
2. advances
5. generations
6. advantages

Page 30
HORIZONTAL
3. oportunidades
5. ventajas
6. comunicación
7. parientes
8. abuelos
VERTICAL
1. apoyo
2. generaciones
4. avances

Pages 32 and 34
1. A
2. C
3. D
4. B
5. B

Page 36
Sentences using the following words:
1. unbroken
2. unkempt
3. apparent
4. speechless
5. referred
6. comments
7. overgrown
8. charming

Page 38
Las oraciones usan las siguientes palabras:
1. rotas
2. descuidado
3. evidente
4. quedó enmudecida
5. refería
6. comentarios
7. cubierto
8. encantador

Pages 40 and 42
1. B
2. A
3. C
4. D
5. A

Page 44
1. risked
2. orbited
3. Unfortunately
4. survive
5. capsule
6. oxygen
7. chimp
8. recovered
9. recovered
10. orbited
11. survive
12. oxygen
13. unfortunately
14. risked
15. capsule
16. chimp

Page 46
1. arriesgado
2. en órbita
3. Desafortunadamente
4. sobrevivió
5. cápsula
6. oxígeno

7. chimpancé
8. recuperado
9. recuperado
10. en órbita
11. sobrevivió
12. oxígeno
13. desafortunadamente
14. arriesgado
15. cápsula
16. chimpancé

Page 48
1. B
2. C
3. D
4. A
5. false
6. false
7. true
8. true
9. false

Page 50
1. B
2. C
3. D
4. A
5. falso
6. falso
7. verdadero
8. verdadero
9. falso

Page 52
ACROSS
2. local
4. flecks
6. addition
8. certificate
DOWN
1. porcelain
3. companion
5. content
7. petite

Page 54
HORIZONTAL
3. motas
5. además
6. certificado
7. porcelana
8. chiquita
VERTICAL
1. contenta
2. compañera
4. local

Page 56
1. abandoned
2. economics

3. quarry
4. resource
5. protection
6. reserve
7. sites
8. decaying
9. opinion
10. fact
11. fact
12. fact
13. opinion

Page 58
1. abandonó
2. economía
3. mina
4. recurso natural
5. protegerse
6. reserva
7. lugares
8. en ruinas
9. opinión
10. hecho
11. hecho
12. hecho
13. opinion

Pages 60 and 62
1. C
2. A
3. C
4. D
5. C

Page 64
1. sailors
2. voyages
3. menacing
4. inhabitants
5. categories
6. squid
7. dismiss
8. prehistoric
9. true
10. false
11. true
12. false
13. true

Page 66
1. marineros
2. viajes
3. amenazadoras
4. los habitantes
5. una categorías
6. calamares
7. descartar
8. prehistóricos
9. verdadero
10. falso

11. verdadero
12. falso
13. verdadero

Pages 68 and 70
1. C
2. A
3. D
4. B
5. D

Page 72
ACROSS
5. available
6. credits
7. plot
DOWN
1. previews
2. climax
3. feature
4. detail

Page 74
HORIZONTAL
1. trama
5. presentación
6. detalle
7. créditos
VERTICAL
2. avances
3. punto culminante
4. disponibles

Pages 76 and 78
1. D
2. B
3. C
4. A
5. C

Pages 80 and 82
1. C
2. A
3. B
4. D
5. C

Pages 84 and 86
1. D
2. C
3. D
4. B
5. C

Page 87
1. Bobby walked to the pet store.
2. The dogs yipped and licked his fingers.

Page 88
1. Bobby caminó a la tienda de mascotas.
2. Los perros ladraron y lamieron sus dedos.

Page 89
First game: their/there, sun/son, peace/piece, hear/here, see/sea, hi/high, two/to/too, meet/meat, wait/weight
Second game: pail/pale, ate/eight, through/threw, new/knew, weak/week, rode/road, sum/some, sail/sale, blew/blue

Page 90
Primer juego: rallar/rayar, calló/cayó, solo/sólo, el/él, honda/onda, ciento/siento, hierba/hierva, valla/vaya, haya/halla
Segundo juego: botar/votar, qué/que, vello/veo/bello, hojear/ojear, rasa/raza, errar/herrar, cebo/sebo, sepa/cepa, taza/tasa

Page 91
Homographs: desert, bark, object, refuse, wound, close, wind, tear, produce, present. Hidden picture is a cat.

Page 92
Homográfos: como, pie, real, café, sí, vivo, coma, helado, cara, papel. El dibujo escondido es de un gato.

Page 93
Path through maze: river, pond, stream, waterfall, ocean, lake, sea, harbor, swamp

Page 94
Camino por el laberinto: río, estanque, arroyo, cascada, océano, lago, mar, puerto, pantano

Bilingual: Reading Grade 4, SV 9781419099809